社区书系

社区工作者常用知识
百问百答系列图书

社区社会救助知识百问百答

陈 慧 主编

SHEQU SHEHUI
JIUZHU ZHISHI
BAIWENBAIDA

华龄出版社
HUALING PRESS

图书在版编目(CIP)数据

社区社会救助知识百问百答 / 陈慧主编. -- 北京 :
华龄出版社, 2021.9
ISBN 978-7-5169-2119-7

Ⅰ. ①社… Ⅱ. ①陈… Ⅲ. ①社区-社会救济-中国
-问题解答 Ⅳ. ①D632.1-44

中国版本图书馆 CIP 数据核字(2021)第 202020 号

策　　划	社区部　善爱社工	责任印制	李未圻
责任编辑	魏鸿鸣　李芳悦	装帧设计	唐韵设计

书　　名	社区社会救助知识百问百答	作　　者	陈　慧
出　　版 发　　行	华龄出版社 HUALING PRESS		
社　　址	北京市东城区安定门外大街甲 57 号	邮　　编	100011
发　　行	(010)58122255	传　　真	(010)84049572
承　　印	三河市腾飞印务有限公司		
版　　次	2022 年 3 月第 1 版	印　　次	2022 年 3 月第 1 次印刷
规　　格	710mm × 1000mm	开　　本	1/16
印　　张	12	字　　数	130 千字
书　　号	ISBN 978-7-5169-2119-7		
定　　价	48.00 元		

为社会基层治理服务，打造社区所需的精品图书
——华龄出版社“社区书系”倾情奉献

“社区书系”是为适应新时代基层社会治理需要，深入贯彻党的十九届四中全会、五中全会关于“构建基层社会治理新格局”“社会治理特别是基层治理水平明显提高”的重要部署，落实习近平总书记关于“建立一支素质优良的专业化社区工作者队伍”的指示要求而策划编写的，旨在为社区工作人员提供系统的社区工作理论和方法指导，提高社区工作者的理论素养和工作能力，推进社区治理体系与治理能力现代化。

“社区书系”是一个融图书、视频、服务为一体的新型复合出版工程，内容体系包括三个方面：

纸质图书　通过纸质图书阅读，为社区工作者提供系统的理论和方法指导。

线上课程　通过视频课程、网络直播课程，深化重点知识，解读难点知识。

专家服务　通过线下培训、现场诊断等，解决社区工作中存在的问题症结。

华龄出版社是中国老龄协会主管主办的中央部委出版社，为出版“社区书系”专门成立了“社区部”，全面统筹谋划出版。“社区书系”计划出版图书200种，覆盖社区工作各个方面，现面向全国诚邀熟悉社区工作的专家、学者加盟“社区书系”出版计划，一起为中国社区的发展繁荣出一份力！

社区视频培训讲座

前 言

社区是城市建设的重要组成部分，也是广大居民群众生活的地方。2020年，习近平总书记在吉林考察时强调，推进国家治理体系和治理能力现代化，社区治理只能加强、不能削弱。社区工作人员在社区治理中直面人民群众，需要时刻联系广大社区居民，协助党和政府做好社区的各种管理与服务。可以说，社区工作人员素质的高低，将决定我国未来社会治理水平的高低。

由于社区工作涉及领域十分广泛，工作任务繁杂琐碎，社区工作者需要了解和掌握很多领域的知识，熟悉一系列最新的政策、法规，掌握一系列行之有效的工作流程、方法，才能够胜任新时代的社区工作。当前，相关领域知识的欠缺、工作能力的不足是很多社区工作者存在的主要问题，缺少高素质的社区工作人员队伍是社区治理现代化面临的重要问题。正是基于这样的分析判断，华龄出版社为了助力建设美好社区，解决当前和今后一个时期社区工作者的迫切需求，提高社区工作者的知识素养和工作能力，推进社区治理能力和治理水平现代化，特别成立了“社区部”，推出了“社区书系”中的一个分系：社区工作者常用知识百问百答系列图书。

该系列图书选取了社区工作非常重要的十个领域——平安建设、政策法律宣传、未成年人教育保护、社会救助、突发事件处理、邻里关系处理、社区养老、婚姻家庭、居民防骗、公益慈善等，从每个领域中精选出

100 多个常见的问题，以问答的形式呈现出来，并进行科学的分类，便于社区工作者学习参考，学有所用，工作起来更加得心应手。

“社区工作者常用知识百问百答系列图书”有以下几个特点：

1. 内容丰富，知识全面

内容涉及平安建设、政策法律宣传、未成年人教育保护、社会救助、突发事件处理等十大社区工作的重要领域，涵盖了这些领域的一般常识和重要知识。这些知识都是社区工作者需要了解和掌握的。

2. 体例新颖，分类科学

将重要的知识点以问答形式呈现出来，并按照细分工作领域和知识类型将这些问题进行了细致的分类，帮助读者梳理和建构知识架构；还设置有“知识链接”环节，进一步拓宽知识面，帮助读者加深了解和掌握。

3. 专家团队，倾力打造

本系列图书由著名社会学家陈慧教授领衔主编，众多社会学专家、学者、资深图书编辑组成了庞大的编写团队，确保图书内容权威、理念先进、思想前卫，切中了当前社区工作中的问题和广大社区工作者的迫切需求。

4. 通俗易懂，实用性强

图书语言通俗易懂，内容深入浅出，学习阅读毫无压力。书中引用了大量最新的政策、法规，不光有知识理论，还有丰富的案例和工作方法指导，具有很强的实用性，对新时代社区工作具有很强的指导作用。

本系列图书融知识性、可读性和实用性于一体，是一套便于社区工作者进行知识查阅、指导社区工作者做好社区工作的必备工具书，有助于提高社区工作者的知识素养和能力水平。由于时间和能力有限，书中难免存在不足之处，敬请广大读者批评指正。

编　者

目 录

第一章　社会救助的基本概念

1. 什么是社会救助?

社会救助是公民因自然、社会或个人原因导致生活发生困难时,由政府和社会对其给予财物接济和生活扶助,以保障其最低生活需要的制度。社会救助是我国社会保障体系的重要组成部分,它对于调整资源配置、实现社会公平、维护社会稳定具有非常重要的作用。

社会救助有以下几层含义:

(1)社会救助的实施主体是国家。由国家通过立法保护贫困人员,实施社会救助是国家义不容辞的责任和义务。

(2)社会救助的对象是贫困人员。虽然任何人或者任何一个家庭只要其家庭人均收入水平低于国家规定的某一贫困线,就可以享受社会救助待遇,但是这一群体在全体民众中所占的比例很小。这是与社会保险、社会福利等其他社会保障制度不同的地方,因为后者的实施对象具有广泛性,往往包括大多数的社会成员。

(3)享受社会救助的条件是低于贫困线,但是否低于贫困线需要对当地的实际经济状况进行调查,通过核实以后才可以享受。

社会救助制度是社会进步和社会文明的重要标志。随着社会、经济、文化以及政治等要素的发展，社会救助的内涵和外延也在不断变化。由于各国或某一国家在不同时期的社会经济、价值观念和文化传统上的差异，社会救助的内涵和外延也有所不同。

知识链接

我国目前的社会救助法规是《社会救助暂行办法》，自 2014 年 5 月施行以来，对于加强社会救助，保障公民基本生活，促进社会公平，维护社会和谐稳定发挥了重要作用。伴随我国经济社会发展，社会救助面临新的形势、任务和要求，有必要制定专门的社会救助法。2020 年 9 月 7 日，十三届全国人大常委会公布《中华人民共和国社会救助法（草案征求意见稿）》，广泛征求社会各界意见。

2. 社会救助的性质是什么？

（1）社会救助是一种公共行为。它是以政府为主导的多元主体，是为了解决贫困、临时困难、生命生存威胁的公共行动，使用的是公共资产，动员的是公共力量，分配的是公共价值，实现的是公共利益——在特定情况下每个人都有权享有共同收益。

（2）现代社会救助是基于基本人权的公共行动。它是建立在人权基础上的一种社会保障机制，提供完善、及时的社会救助是国家和全社会的责任和义务,是保障人权、促进民生的公共职责,合法接受社会救助是公民基本生存权利的体现。

(3)社会救助属于社会再分配领域的公共行动。社会再分配可以调节社会初次分配的不公平程度、维护社会的稳定、保障个体公民的基本人权等。对于社会救助而言,更是通过扶持社会弱势群体的再分配行动,直接指向实现基本人权、维护社会秩序,促进社会公平。

(4)社会救助是法定的、制度化的公共行动。现代社会救助不是任意、随性的行为,必须依法而行,在既定法律框架下开展法定公共行动,救助对象的认定、救助标准的确定、救助程序的实施等都必须在严格的法定框架下进行,受到严格的制度约束。

知识链接

社会救助作为一项托底线、救急难、保民生的基础性制度安排,事关困难群众衣食冷暖。社会救助制度为困难群众兜住民生底线,用关爱的大伞为他们遮风挡雨,让困难群体得到更多的实惠。改革开放以来,我国社会救助制度不断完善,形成了以最低生活保障、特困人员救助供养、灾害救助、医疗救助、住房救助、教育救助、就业救助以及临时救助为主体,以社会力量参与为补充的制度体系。

3. 社会救助的特点是什么？

社会救助具有以下几个特点：

（1）基本保障性。社会救助与社会保险、社会福利不同，社会保险、社会福利的基本目标是提高生活质量，更加注重高层次需求的满足。社会救助则具有基本保障性，不在于提高社会成员的生活质量和高层次需求，而在于满足被救助对象的基本生活需求，即保障兜底。社会救助旨在为社会成员提供一种最起码的安全性和确定性。无论是谁，只要其生活一旦陷入困境，或者降低到法定的保障线之下，就可经过法定程序获得社会救助。但是这种救助标准仅限于满足基本生活需求，属于最低水平的保障。

（2）对象限定性。每一个社会成员都可以在特定情况下成为社会救助的对象，如人均收入处于法定贫困线以下的，或者因为社会原因、自然原因而一时陷入困境，生活难以为继的。但是社会救助的对象具有限定性，有资格享受社会救助待遇的社会成员只是社会全体中的一部分，甚至是一小部分。社会救助在这一点上与社会保险、社会福利的普惠性特征不同。

（3）非义务性。非义务性也称权利与义务的不对等性，是指国家和社会对被救助对象实施救助，满足其基本生活需求，使其摆脱生活困境，而并不需要被救助对象做出任何承诺，也无需被救助对象付出任何报酬。

（4）公共责任性。现代社会救助是社会成员的一种基本人权，是国家和社会对于困难人群的一种责任和义务，如果政府等公共机构没能及时、有效地实施社会救助，将被视为“失职”，严重的要受到法律的制裁。因此，现代社会救助往往通过法定的组织机构来实施，其社会救助行为受到被救助对象、社会各界力量的监督。

(5)政府主导性。政府主导性是指实施社会救助的主体虽然可能是多元的，但主导者、承担主体责任者是政府。具体表现在以下方面：一是社会救助项目、范围、标准通过政府立法确定；二是社会救助的实施主要依靠政府财政支持；三是实施社会救助的主要是政府部门，或者有政府部门动员的社会力量，政府在其中承担统一指挥、领导协调的职责。

(6)救助期限的短暂性。由于社会救助是最低层次、最基础层面的社会保障项目，目的在于满足被救助对象最起码的生活需求，使因各种原因难以维持最低生活水平的社会成员享有最低程度的生活保障，其标准和层次要远低于社会保险和社会福利。正因为如此，社会救助的期限一般较短，只要被救助者能够通过自身行为满足基本生活需求，救助行为即可停止。

知识链接

社会救助还有一大特点，就是全部费用由政府从财政资金中解决，接受者不需要缴纳任何费用；受助人享受社会救助待遇需要接受一定形式的经济状况调查，国家向符合救助条件的个人或家庭提供救助。

4. 什么是社区社会救助?

社区社会救助也称社区行政化救助,是我国社会救助体系的一个重要组成部分。它以社区为主体和载体,为社区成员提供管理服务,并多渠道筹集资金,在社区成员享受法定基本保障、单位补充保障后,基本生活仍然存在困难时,提供互助救济、各种物质和精神上的帮助等托底保障。

从社区救助的定义可以看出,社区救助是政府保障体系的重要组成部分,是作为政府基本保障和单位保障的补充而存在。社区救助是由街道办和社区居委会直接开展的救助,帮助政府落实社会救助政策,在本质上是一种行政化的救助,与政府法定基本保障、单位保障的不同之处在于其是社区层面的行政化救助。

知识链接

社区社会救助不仅是社会保障体系的一个重要组成部分,而且是最终落实和托底的基础部分,其功能包括以社区为依托的保障功能、服务功能和管理功能。积极发展社区社会救助,顺应我国社会结构的转型,适应我国现阶段社会经济发展水平,也适应我国强调社区价值的文化传统和道德观念。目前正在我国城市社区形成的社会救助体系,功能上是政府职能的下延,组织上是依托政府支持下的新事业单位,服务形式上以行政化服务为主,这种社会救助体制可以概括为行政化社会救助体制,社区(街道)居于这个体系的末端。

5. 什么是社区化社会救助?

社区化社会救助是通过给予社区以尽可能大的施展和发挥作用的空间,努力推动社区自行配置各种资源,由政府、企业和非营利组织针对社区出现的社会救助问题进行协同合作救助,以协调本社区的社会保障供求关系,以满足社区的需求。社区化社会救助的侧重点与社区救助有一定差异,社区化救助本质上是在社区层面多元救助主体的合作救助,体现的是社区的治理职能;而社区救助是行政化救助在社区层面的体现,体现的是社区管理职能。

知识链接

社区化社会救助体系的特点有三个:第一,其运作基础是非营利性组织;第二,其救助目标是既包括物质救济也包括精神援助的全面救助;第三,它依托社区的自我治理机制且具有较高的运作效率。

6. 社会救助的社会意义是什么?

社会救助的社会意义如下:

(1)有利于保护社会成员的基本生活。

(2)有利于促进社会经济的发展和繁荣。

(3)有利于稳定社会秩序。

(4)有效地弥补了社会保险制度的不足。

知识链接

社会稳定是一个社会进步和发展的重要条件,而社会救助则是稳定社会的重要手段。现实社会中,一部分社会成员由于各种原因导致生存的基本权利得不到保障,容易成为社会不稳定的因素。国家和社会通过社会救助为低收入和无收入的社会成员提供最低生活保障,减轻其生活上的困难,防止由于人们对社会收入分配的不满而造成的社会隐患,可以起到协调社会关系、促进社会认同、稳定社会的作用。

7. 为什么要实行社会救助?

实行社会救助主要有以下两个方面的原因:

第一,社会救助是一项公民权利。生存权和发展权是现代社会公民的基本权利,社会救助是居民生存权的基本保障,体现了国家职责。对于国家和社会来说,社会救助是其不容推卸的责任,每个人在社会上都应得到最基本的生活保障。在当今世界上,社会救助制度通常被视为纯粹的政府行为,是一种完全由政府运作的最基本的再分配或转移支付制度,其责任或义务通常以立法方式加以确认。对于每一位公民来说,社会救助是他们应当享有的受法律保护的基本权利。

第二,社会救助是发展市场经济的内在要求。社会救助制度的目标是克服现实的贫困，它在公民因社会的、个人的、生理的或心理的原因致使其收入低于最低生活保障标准而陷入生活困境时发生作用。因此，一般会有一套称为“家庭经济情况调查”的法定工作程序来审核申请救助公民的收入状况，主要包括：个人申请、机构受理、立案调查、社区证明、政府批准。能否得到社会救助的关键在于申请者个人收入或家庭成员的人均收入是否低于政府事先确定的最低生活保障标准，有的国家或地区还要调查申请者的家庭财产和工薪之外的其他经济来源。这种选择性原则是社会救助最为突出的特点，它能保证有限的社会救助经费切实地用到最需要的社会成员身上。

知识链接

社会救助制度提供的仅仅是满足最低生活需求的资金或实物，目的是在公平与效率之间寻求适度的平衡。它不问致贫原因，只看受助者是否真正贫困，是社会保障制度中的最后一道安全网。它的责任仅仅是使受助者的生活相当于或略高于最低生活需求，以避免受助者产生依赖心理或者不劳而获的思想，只要受助者的收入超过最低生活标准，救助行动就会相应中断。

8. 社会救助的根本目的是什么?

社会救助最根本的目的是扶贫济困,保障困难群体的最低生活需求。建立城乡一体的社会救助体系,实现社会救助法治化是维护并实现困难群众基本权利(生存权)的核心内容之一。

知识链接

社会救助是我国社会保障的核心内容之一。它包括城乡居民最低生活保障、灾害救助、医疗救助、农村特困户救助、五保供养、失业救助、教育救助、法律援助等内容。社会救助的对象主要是城乡困难群体,包括城乡低保对象、农村五保户、特困户、因遭受自然灾害需要给予救济的灾民等。

第二章 社会救助的法律知识

9. 我国社会救助的法律依据是什么?

我国社会救助的法律依据主要是国务院于2014年2月21日公布并于同年5月1日起施行的《社会救助暂行办法》,以及2020年8月,中共中央办公厅、国务院办公厅印发的《关于改革完善社会救助制度的意见》。

知识链接

根据《社会救助暂行办法》的规定,由国务院民政部门统筹全国社会救助体系建设。《社会救助暂行办法》的出台,为社会救助事业发展提供了法律依据,有利于统筹社会救助体系建设,形成保障困难群众基本生活的安全网。

10. 违反《社会救助暂行办法》的法律责任是什么?

违反《社会救助暂行办法》规定,有下列情形之一的,由上级行政机关或者监察机关责令改正,对直接负责的主管人员和其他直接责任人员依法给予处分:

(1)对符合申请条件的救助申请不予受理的。

(2)对符合救助条件的救助申请不予批准的。

(3)对不符合救助条件的救助申请予以批准的。

(4)泄露在工作中知悉的公民个人信息,造成后果的。

(5)丢失、篡改接受社会救助款物、服务记录等数据的。

(6)不按照规定发放社会救助资金、物资或者提供相关服务的。

(7)在履行社会救助职责过程中有其他滥用职权、玩忽职守、徇私舞弊行为的。

知识链接

《社会救助暂行办法》将最低生活保障、特困人员供养、受灾人员救助、医疗救助、教育救助、住房救助、就业救助和临时救助等8项制度以及社会力量参与作为基本内容,确立了完整清晰的社会救助制度体系。规定社会救助坚持托底线、救急难、可持续,与其他社会保障制度相衔接,社会救助水平与社会经济发展水平相适应。

11. 社会救助怎样进行监督管理?

对社会救助的监督管理体现在以下方面:

(1)社会救助对象家庭经济状况核查。《社会救助暂行办法》规定县级以上人民政府及其社会救助管理部门应当加强对社会救助工作的监督检查,完善相关监督管理制度。申请或者已获得社会救助的家庭,应当按照规定如实申报家庭收入状况、财产状况。

为进一步落实《社会救助暂行办法》关于核对救助对象家庭经济状

况的要求,更加规范地进行此项工作,民政部等部门先后发布了《民政部关于居民家庭经济状况核对信息系统建设的指导意见》《民政部、国家统计局关于进一步加强农村最低生活保障申请家庭经济状况核查工作的意见》《居民家庭经济状况信息部省联网查询办法(试行)》等,并出台了相应的技术标准。

(2)申请救助的途径与相关监督。《社会救助暂行办法》规定了申请社会救助的程序,但同时也规定申请人难以确定社会救助管理部门的,可以先向社会救助经办机构或者县级人民政府民政部门求助。社会救助经办机构或者县级人民政府民政部门接到求助后,应当及时办理或者转交其他社会救助管理部门办理。乡镇人民政府、街道办事处应当建立统一受理社会救助申请的窗口,及时受理、转办申请事项。履行社会救助职责的工作人员对在社会救助工作中知悉的公民个人信息,除按照规定应当公示的信息外,应当予以保密。申请或者已获得社会救助的家庭或者人员,对社会救助管理部门作出的具体行政行为不服的,可以依法申请行政复议或者提起行政诉讼。

(3)社会救助的媒体宣传与监督。县级以上人民政府及其社会救助管理部门应当通过报刊、广播、电视、互联网等媒体,宣传社会救助法律、法规和政策。县级人民政府及其社会救助管理部门应当通过公共查阅室、资料索取点、信息公告栏等便于公众知晓的途径,及时公开社会救助资金、物资的管理和使用等情况,接受社会监督。履行社会救助职责的工作人员行使职权,应当接受社会监督。任何单位、个人都有权对履行社会救助职责的工作人员在社会救助工作中的违法行为进行举报、投诉。受理举报、投诉的机关应当及时核实、处理。

知识链接

《社会救助暂行办法》要求,申请或者已获得社会救助的家庭,应当按照规定如实申报家庭收入状况、财产状况。县级以上人民政府民政部门,根据申请或者已获得社会救助家庭的请求、委托,可以通过户籍管理、税务、社会保险、不动产登记、工商登记、住房公积金管理、车船管理等单位和银行、保险、证券等金融机构,代为查询、核对其家庭收入状况、财产状况;有关单位和金融机构应当予以配合。《社会救助暂行办法》要求县级以上人民政府民政部门应当建立申请和已获得社会救助家庭经济状况信息核对平台,为审核认定社会救助对象提供依据。

12. 社会救助工作的原则是什么?

社会救助工作应当遵循公开、公平、公正、及时的原则。

知识链接

社会救助各项工作除涉及国家秘密、商业秘密、个人隐私外,应一律予以公开。面对所有困难群众,社会救助工作应当做到权利公平、机会公平、规则公平,确保所有需要救助的公民都能够被纳入到社会救助体系中来,平等地享受改革发展的成果。同时,社会救助程序应当快捷、高效,确保困难群众及时得到救助。

13. 全国社会救助体系的框架是怎样的?

国务院民政部门统筹全国社会救助体系建设。2018 年 3 月,第十三届全国人民代表大会第一次会议批准了国务院机构改革方案,随后开始了国务院机构改革和职能转变,社会救助相关政府部门有新的变动。根据国务院机构改革方案,调整后的国务院机构部门将原来属于民政部管理的部分功能剥离出去,组建国家卫生健康委员会、退役军人事务部、应急管理部等部门。国务院下设的民政部、卫生健康委员会、教育部、住房和城乡建设部、人力资源和社会保障部、退役军人事务部、应急管理等部门按照各自职责负责相应的社会救助管理工作;县级以上地方人民政府民政、卫生健康、教育、住房和城乡建设、人力资源和社会保障、退役军人事务、应急管理等部门按照各自职责,负责本行政区域内相应的社会救助管理工作;相关行政部门统称为社会救助管理部门。

知识链接

党的十九届五中全会把“改善人民生活品质,提高社会建设水平”作为“十四五”时期经济社会发展的一项重要任务,并明确要求“健全多层次社会保障体系”“健全分层分类的社会救助体系”。

中共中央办公厅、国务院办公厅 2020 年印发的《关于改革完善社会救助制度的意见》要求:“用 2 年左右时间,健全分层分类、城乡统筹的中国特色社会救助体系”“到 2035 年,实现社会救助事业高质量发展”,明确了我国社会救助制度改革的总体规划和发展方向,体现了我们党全心全意为人民服务的根本宗旨。

14. 社会救助的协调机制是什么?

乡镇人民政府、街道办事处负责有关社会救助的申请受理、调查审核,具体工作由社会救助经办机构或者经办人员承担。村民委员会、居民委员会协助做好有关社会救助工作。县级以上人民政府应当将社会救助纳入国民经济和社会发展规划,建立健全政府领导、民政部门牵头、有关部门配合、社会力量参与的社会救助工作协调机制,完善社会救助资金、物资保障机制,将政府安排的社会救助资金和社会救助工作经费纳入财政预算。

知识链接

近年来,民政部发挥社会救助牵头部门作用,建立健全从中央到地方的各级社会救助部门协调机制,取得积极进展。其主要内容如下:一是完善社会救助各项机制,加强部门协同配合。二是全面建立县级困难群众基本生活保障工作协调机制。三是继续开展困难群众基本生活救助工作年度绩效评价。民政部还积极组织开展社会救助领域创新实践活动,发现典型、鼓励创新、推广经验。

15. 社会救助资金管理与信息管理是怎样进行的?

社会救助资金实行专项管理、分账核算、专款专用,任何单位或者个人不得挤占挪用。社会救助资金的支付,按照财政国库管理的有关规定执行。

县级以上人民政府应当按照国家统一规划建立社会救助管理信息

系统，实现社会救助信息互联互通、资源共享。

知识链接

国家鼓励单位和个人等社会力量通过捐赠、设立帮扶项目、创办服务机构、提供志愿服务等方式，参与社会救助。社会力量参与社会救助，按照国家有关规定享受财政补贴、税收优惠、费用减免等政策。

16. 社会救助的主要类型有哪些？

我国列入《社会救助暂行办法》的社会救助类型有最低生活保障、特困人员供养、受灾人员救助、医疗救助、教育救助、住房救助、就业救助、临时救助。未列入《社会救助暂行办法》但已有相关政策规定的救助类型有法律援助和司法救助。

知识链接

社会救助还可以分为以下几种类型：

(1)经常性的社会救助工作。主要包括城乡最低生活保障、农村五保供养、农村特困户生活救助以及城乡医疗救助等专项救助。

(2)紧急救助制度。紧急救助主要是指在发生自然灾害情况下对灾民的紧急救助和应急救助行动，也包括对灾民延续一段困难生活的救助以及危房倒房的重建与修复工作。

(3)临时性的救助。临时性救助主要是指对低收入人群的救助工作和对城市生活无着的流浪乞讨人员(包括对流浪儿童)的救助。

(4)社会互助活动。通过支持慈善事业的发展，培育和发展公益性的民间组织，以及倡导开展群众之间经常性的互助互济活动，来达到社会互助，对困难群众起到帮扶作用。

第三章　贫困救助知识

17. 什么是贫困救助？

贫困救助是社会救助中最重要的内容，它是指国家对生活在法定最低生活保障标准之下的贫困人员进行的一项社会救助项目。贫困救助的目的是维持贫困人员最起码的生活条件，保障其基本生存权利。贫困救助的实施一方面可以稳定社会，另一方面也是国家应尽的义务。

知识链接

近年来，“支出型贫困”问题成为社会救助工作的难点和热点。“支出型贫困”是指由于家庭成员出现重大疾病、子女就学、突发事件等原因，导致家庭财力支出远远超出承受能力而造成的绝对生活贫困。由于这些家庭人均收入略高于当地最低生活保障线，无法享受低保，实际处于社会救助的“夹心层”，一旦遇到不测，往往比低保户更困难。从2007年开始，我国开始逐步关注“支出型贫困”群体，一些地方将其纳入制度保障范围，或者对其实施临时救助制度，在很大程度上缓解了他们的生活困难，但目前从总体上来看，我国社会救助供给相对不足，部分地区社会救助供给严重不足，管理服务能力不能适应救助制度。

18.贫困救助的形式有哪些？

贫困救助主要采取现金救助、实物救助和服务救助等形式。

（1）现金救助：国家直接给受助者发放现金，帮助社会成员解决生活困难的一种救助形式，发放的现金由被救助者根据自己的实际需要安排使用。在我国，贫困救助的资金主要是由政府财政承担，并且纳入专项救助资金支出项目，专项管理，专款专用。现金救助比较适合于满足救助人员的一些特殊需要，如房租、教育费用（义务教育阶段）和医疗费用等，它可以使受助者有较大的自我选择空间。

（2）实物救助：国家以发放实物的形式，帮助社会成员摆脱生存困境的一种救助手段。它不直接给被救助者发放现金，而是根据其实际生活状况和需要，无偿发放一些必需的生活资料和部分生产资料，比较适合满足困难群体的基本需要。实物救助是较早出现的一种救助形式，如古代开仓赈济，通过向贫民发放粮食来解决其生活困难。实物救助是一种比较直接、便捷的应急救助形式。

（3）服务救助：针对救助对象的特殊需要提供的生活照顾和护理等服务，主要指对高龄老人的护理服务、对失去依靠的儿童给予的关爱和照顾等。服务救助主要针对社会上需要特殊照顾的弱势群体，它更多地体现出一种人性关怀，是在满足了被救助对象最低生存需要之后，在其精神层次给予的平等性的一种认可，能满足被救助对象的心理需求，提高其生活质量。

这三种救助形式是相辅相成的，一般是以现金救助为主，以实物救助为辅，服务救助主要针对特殊群体提供。

知识链接

现金救助是国家和社会救助机构以发放现金的形式,帮助灾民解除生活困难。在救灾实际工作中,主要的现金救助手段是定期救助,但临时救助中也常采用现金救助。其特征是直接给被救助者发放现金,由被救助者根据自己的实际困难安排使用。现金救助的原则是:专款专用,严格按政策规定的标准发放,救助机构或其工作人员不得克扣、挪用、贪污。

19. 贫困救助的功能与作用有哪些?

贫困救助是社会救助制度中最基础与核心的部分,它保障居民最基本的生活需要。贫困救助在保障贫困人员满足基本的物质生活、克服贫困、稳定社会等方面都发挥着重要的作用。

(1)保障公民的最低生活需要。贫困救助制度面向并覆盖全体公民,只要家庭人均收入低于生活救助线的即可纳入生活救助网,从而为其生活和生存筑起最后一道防线。贫困救助有效地弥补了其他社会救助形式与社会保障制度没有解决的贫困问题,并与养老、失业等社会保险相互衔接、相互联系,共同构成完善的社会保障体系,有效地保障了公民的最低生活需要,保障了公民基本的生存权和发展权。

(2)维护社会治安,缓和社会矛盾,促进社会和谐。贫困救助侧重于解决困难群体的基本生活困难,保障公民的基本生存权利。生活困难是多种因素造成的,个人的思想认知能力、综合素质和价值观念是造成贫困的重要因素,但并非是全部因素。人与人相处的自然环境和社会环境也存在着不公平和非正义性，现在随着市场经济的快速发展，正常合理的贫富悬殊也成了社会经济健康发展的客观需要，个人因素只是造成贫困的一部分因素，所以，社会不应该完全让个人为其贫困买单；困难群体依靠自身力量很难摆脱生活困境，社会为其提供生活帮助，满足最基本的生活需要，使其不会为了生计而去冒险触碰道德和法律的底线，可以减少犯罪率，维护社会治安。同时，贫困救助为困难群体提供满足其最低生活需要的资金和实物，注重收入的再分配，减少贫困人员因贫富差距而造成的心理不平衡，可以有效地缓和社会矛盾，促进社会的和谐稳定发展。

(3)促进社会经济的发展。贫困救助保障公民的基本生活，使有劳动能力的困难群体得以摆脱生活困境，投身到生产劳动中，为自身和社会创造财富。同时，也有助于提高劳动力质量，促进劳动力的长远发展。

贫困救助作为社会救助体系中的一部分，也在公平和效率之间寻求适度。通过对收入分配和再分配的调节，缓解贫富差距，促进共同富裕，提高公民的生产积极性，从而促进社会经济的持续健康发展。从长期来看，社会保障费用中用于贫困救助的部分将逐步下降，也有利于社会保障制度自身的可持续发展。

(4)既是社会救助体系的重要组成部分，也是建立、健全社会保障体系的需要。贫困救助制度是整个社会救助制度中最主要、最基本的救助项目，直接有效地解决了贫困者的生存问题。贫困救助普遍适用于困难群体，帮扶困难群体在生活无助时渡过困境，保障贫困人员最基本的物质生活需要，保障其最基本的生存权。

尽管近年来各国政府在社会保险制度方面下了很大功夫，逐步建立和完善了养老、医疗、失业等保险项目，但由于社会保险制度强调权利与义务的对等，并且有些社会保险制度又有一定的享受时间限制，仍有一部分居民存在生活困难。贫困救助与养老、失业等社会保障形式相辅相成,有效地弥补了它们的不足之处,贫困救助制度使那些不能享受社会保险或者享受后仍然处于贫困状态的居民及其家庭得到了最起码的保障,使他们不至于陷入生活无着落的困境。贫困救助在各国的社会保障体系中起着“保底”的作用,具有不可替代的地位。社会保障体系必须有这种保底措施,它是广大群众的“民心工程”,是建立、健全各国社会保障体系的首要前提。

知识链接

贫困救助是社会保障体系中最基本的组成部分。从现实情况看,社会保险有时难以有效运转,社会救助能解决社会保险不能覆盖的一部分人群的困难,而社会救助中的贫困救助能最直接有效地解决贫困者的生存问题。作为一种现收现付制度,贫困救助的目标在于保障居民的基本生活需求,因此该项制度运行的约束条件要少一些,运行成本也不高,而且可以取得较为明显的效果,易于被社会成员理解、接受,从而成为社会救助制度中最主要的救助项目。

20. 贫困救助的对象是什么?

贫困救助的救助对象涉及全体公民,只要家庭人均收入低于生活保障标准即可纳入到生活救助范围之内。目前,国际上通用的社会救助对象的确认方法有两种,一种是看家庭人均年收入是否低于生活救助线的定量方法,即制定一条或几条最低生活标准,凡收入低于这一标准的人便有权向政府申请救助;另一种是根据社会上现实存在的各类贫困群体分门别类地确定救助对象的定性方法。

在我国,由于特殊的城乡二元社会经济结构,贫困救助的对象主要分为两种:城市困难户和农村贫困户。前者还包括了流浪乞讨人员和特殊救助对象。

我国城镇居民最低生活保障制度规定的生活救助对象,主要包括以下几类人员:①无生活来源、无劳动能力、无法确定赡养人、抚养人或扶养人的居民;②领取失业救济金期间或失业救济期满仍未重新就业,家庭人均收入低于最低生活保障标准的居民;③在职人员和下岗人员在领取工资、基本生活费以及退休人员领取退休金后,其家庭人均收入仍低于最低生活保障标准的居民;④家庭人均月收入低于当地最低生活保障标准的居民。

我国农村村民救助对象主要包括三类:一是五保户,主要包括村民中无劳动能力、无生活来源、无法确定赡养或抚养义务人的老年人、残疾人和未成年人;二是一般困难户,主要包括因个人能力不足而生活落后或遭受意外事故,自身维持基本生活有一定困难的居民;三是特殊困难户,自身维持基本生活有很大困难的人。

知识链接

按照居民收入及生活状况,贫困救助对象可以分为以下类型:

(1)无依无靠又没有生活来源的公民,此类人群属于长期的救助对象。

(2)突发性灾害造成生活困难的公民,此类人群属于临时的救助对象。

(3)有一定收入和生活来源,但生活水平低于或相当于国家法定最低生活标准的公民。

21. 贫困救助的责任主体是谁?

贫困救助作为各国社会救助乃至整个社会保障体系必不可少的一部分,是一种政府行为,责任主体主要是政府。政府对贫困居民的最低生活保障负有不可推卸的责任,政府一般通过专门的法律法规来建立和规范贫困救助制度。在我国社会救助的主体结构中,政府固然是第一责任主体,但受政府财力所限,政府救助存在许多盲点,有相当一部分社会成员游离在政府救助的保障网之外。从当前我国的国情来看,确立以政府为主导、以非政府力量为补充的社会救助多元主体结构,营造非政府社会救助良性发展的社会环境,是完善我国社会救助体系的必然选择。

知识链接

在我国,主管贫困救助事务的政府部门是民政部,各级民政部门均设立了相应的管理贫困救助事务的职能机构,各职能机构依法行使职能,确保相关法律、法规、政策的贯彻实施。在民政部门主管贫困救助工作的同时,还应充分发挥物价、统计、财政等部门的协助管理作用,以及村(居)民委员会对整个救助事务的基层管理、监督作用。因为村(居)民委员会是管理的第一层次,其在基层的日常监督管理是贫困救助最重要的环节。

22. 贫困救助的实施原则是什么?

(1)生存权保障原则。生存权是每一个公民应享有的受法律保护的基本权利。对贫困人口及家庭进行救助是国家和社会不容推卸的责任,贫困救助是一种由政府运作的最基本的再分配或转移支付制度，旨在保障公民的生存权。在我国宪法中也能找到依据，宪法第四十五条明确规定："中华人民共和国公民在年老、疾病或者丧失劳动能力的情况下，有从国家和社会获得物质帮助的权利。"

（2）保障最低生活需求的原则。贫困救助是国家和社会对贫困者实行的一种生活费用或生活资料的补贴，这种补贴仅限于满足社会成员的最低生活需要，其着眼点是保障基本生活，有利于防止受助者产生依赖思想，也避免过高的保障水平给政府财政造成沉重负担。

（3）适时调整的原则。最低生活保障标准的调整应考虑以下因素：经济发展和财政的承受能力、物价、居民生活水平。

（4）与其他社会保障政策相协调的原则。贫困救助应与最低工资制度和社会保险制度相协调，不能相互矛盾。应当与各项优惠政策和扶贫济困活动相结合，如再就业、扶贫开发等。

（5）法制化原则。国家以法律形式明确了贫困者获得救助是一项法定权益，以法律形式规范了贫困救助的范围、标准、管理等。因此，实施贫困救助必须要在法律的框架下进行，不能与现行法律规定相违背。

知识链接

在以往，人们往往把对贫困者的救助看成是一种恩赐、施舍、怜悯，是一种消极性的救助，而接受救助历来被视为一种迫不得已、不光彩的、降低人格的行为。直到后来，人们才逐渐意识到，致困原因中社会因素大于个人原因，尤其是在现代社会和经济转型的变革时期，由于各种社会因素，产生了贫困群体。因此，贫困的主要原因不能归结于个人。对贫困人口及家庭进行救助是国家和社会不容推卸的责任。

23. 我国城乡居民最低生活保障制度的保障对象是谁?

民政部2012年印发的《最低生活保障审核审批办法(试行)》规定低保资格条件包括:户籍状况、家庭收入和家庭财产是认定低保对象的三个基本要求。持有当地常住户口的居民,凡共同生活的家庭成员人均收入低于当地低保标准,且家庭财产状况符合当地人民政府规定条件的,可以申请低保。

共同生活的家庭成员包括:配偶;父母和未成年子女;已成年但不能独立生活的子女,包括在校接受本科及以下学历教育的成年子女;其他具有法定赡养、扶养、抚养义务关系并长期共同居住的人员。下列人员不计入共同生活的家庭成员:连续3年以上(含3年)脱离家庭独立生活的宗教教职人员;在监狱、劳动教养场所内服刑、劳动教养的人员;省级人民政府民政部门根据本条原则和有关程序认定的其他人员。

知识链接

《社会救助暂行办法》第九条:

国家对共同生活的家庭成员人均收入低于当地最低生活保障标准,且符合当地最低生活保障家庭财产状况规定的家庭,给予最低生活保障。

第十条:

最低生活保障标准,由省、自治区、直辖市或者辖区的市级人民政府按照当地居民生活必需的费用确定、公布,并根据当地经济社会发展水平和物价变动情况适时调整。

最低生活保障家庭收入状况、财产状况的认定办法,由省、自治区、直辖市或者辖区的市级人民政府按照国家有关规定制定。

24. 低保待遇的申领程序是什么?

我国城乡居民最低生活保障制度的申领程序有以下几个步骤:

(1)申请

①以家庭为单位,户主向户籍所在地的街道办事处或乡镇人民政府提出书面申请。②按规定提交相关材料,一类是证明身份的材料,另一类是证明收入的材料。③履行授权核查家庭经济状况的相关手续。④承诺所提供的信息真实、完整。

(2)审核与审批

资格审核是为了核实申请人所提供的证明材料以及申请中所填写的内容是否真实,是否具备享受最低生活保障待遇的资格。

审核的主要内容为调查申请人的家庭经济状况,包括家庭可支配收入和家庭财产。

家庭可支配收入:工资性收入;家庭经营净收入;财产性收入;转移性收入。

家庭财产:银行存款和有价证券;机动车辆、船舶;房屋;债权;其他财产。

乡镇人民政府(街道办事处)应当自受理低保申请之日起 10 个工作日内,在村(居)民委员会协助下,组织驻村干部、社区低保专干等工作人员对申请人家庭经济状况和实际生活情况逐一进行调查核实。每组调查人员不得少于 2 人,可以采取以下调查方式:信息核对;入户调查;邻里访问;信函索证;其他调查方式。

家庭经济状况信息经核对后,对符合条件的低保申请,乡镇人民政府(街道办事处)应当依程序开展入户调查;不符合条件的,乡镇人民政府(街道办事处)应当书面通知申请人并说明理由。申请人对家庭经济状况信息核对结果有异议的,应当提供相关证明材料;乡镇人民政府(街道办事处)应当对申请人提供的家庭经济状况证明材料进行审核,并组织开展复查。

(3)低保申请的民主评议

《最低生活保障审核审批办法(试行)》规定:家庭经济状况调查结束后,乡镇人民政府(街道办事处)应当在5个工作日内,在村(居)民委员会的协助下,以村(居)为单位对申请人家庭经济状况调查结果的客观性、真实性进行民主评议。民主评议由乡镇人民政府(街道办事处)工作人员、村(居)党组织和村(居)委会成员、熟悉村(居)民情况的党员代表、村(居)民代表等参加。村(居)民代表人数不得少于参加评议总人数的三分之二。有条件的地方,县级人民政府民政部门可以派人参加民主评议。对民主评议争议较大的低保申请,乡镇人民政府(街道办事处)应当重新组织家庭经济状况调查核实。

低保申请的民主评议应当遵循以下程序:①宣讲政策。②介绍情况。③现场评议。④形成结论。⑤签字确认。

(4)低保金发放

低保申请人获得的保障金额应当按照核定的申请人家庭人均收入与当地低保标准的差额乘以共同生活的家庭成员人数计算。考虑到低保申请者的情况有所不同,为了保障特别困难的家庭以及其成员的生活水平,对低保家庭中的下列人员,可以采取多种措施提高救助水平:老年人;未成年人;重度残疾人;重病患者;县级以上地方人民政府确定的其他生活困难人员。

《最低生活保障审核审批办法(试行)》规定:低保金原则上实行社会化发放,通过银行、信用社等代理金融机构,直接支付到低保家庭的账户。低保金应当按月发放，每月10日前发放到户。金融服务不发达的农村地区，低保金可以按季发放，每季度初10日前发放到户。

知识链接

《社会救助暂行办法》第十一条：

申请最低生活保障，按照下列程序办理：

（一）由共同生活的家庭成员向户籍所在地的乡镇人民政府、街道办事处提出书面申请；家庭成员申请有困难的，可以委托村民委员会、居民委员会代为提出申请。

（二）乡镇人民政府、街道办事处应当通过入户调查、邻里访问、信函索证、群众评议、信息核查等方式，对申请人的家庭收入状况、财产状况进行调查核实，提出初审意见，在申请人所在村、社区公示后报县级人民政府民政部门审批。

（三）县级人民政府民政部门经审查，对符合条件的申请予以批准，并在申请人所在村、社区公布；对不符合条件的申请不予批准，并书面向申请人说明理由。

25. 低保动态管理的主要内容有哪些？

申请人取得最低生活保障资格后，因经济情况上的变化而导致其不符合先前接受救助的法定条件，应当主动向行政机关提出申请要求撤销或者部分撤销最低生活保障待遇。对申请人提出的申请，行政机关应当进行审查，符合法定条件的，应当依法办理变更手续。但是由于最低生活保障是一种受益行政行为，对于行政机关无偿给予的物质利益，公民有可能即使家庭状况出现好转也不愿意向行政机关提出撤销申请，所以，一般情况下行政机关应主动行使职权对接受救助人的家庭情况进行动态管理，定期进行调查，以确定其是否继续符合接受救助的法定条件，如果行政机关怠于行使后续管理的职责，也应该承担相应的行政不作为的法律责任。

知识链接

《社会救助暂行办法》第十二条：

对批准获得最低生活保障的家庭，县级人民政府民政部门按照共同生活的家庭成员人均收入低于当地最低生活保障标准的差额，按月发给最低生活保障金。

对获得最低生活保障后生活仍有困难的老年人、未成年人、重度残疾人和重病患者，县级以上地方人民政府应当采取必要措施给予生活保障。

第十三条：

最低生活保障家庭的人口状况、收入状况、财产状况发生变化的，应当及时告知乡镇人民政府、街道办事处。

县级人民政府民政部门以及乡镇人民政府、街道办事处应当对获得最低生活保障家庭的人口状况、收入状况、财产状况定期核查。

最低生活保障家庭的人口状况、收入状况、财产状况发生变化的，县级人民政府民政部门应当及时决定增发、减发或者停发最低生活保障金；决定停发最低生活保障金的，应当书面说明理由。

26. 低保相关的优惠政策与配套措施有哪些?

低保政策是一项保障城市居民最低生活需要的政策,从根本上说它是一项收入保障,有了这些收入支持,低保对象就能维持最低水平的生活。但是对贫困居民而言,最低生活的保障固然重要,但是其家庭还有更多的生活需要,例如就业、医疗、卫生、教育、住房等方面的需要,乃至获得社会尊重的精神需要。如果这些方面不能给予恰当的满足,那么贫困者会陷于持续的贫困,并与主流社会脱节,所以低保政策相关的优惠政策与配套措施的有效实施显得非常重要。具体低保配套措施的实施情况中,有的城市采取实物补助,有的城市对特困居民的房租、水电煤气费、孩子学杂费等实行减免优惠。

知识链接

低保人员有权享受优惠政策,但全国各地的优惠政策并不完全相同。一般说来,燃气费、水费、电费都可以按照涨价之前的单价计费。另外,低保户在申请廉租房时可以优先选房;在打官司时,可以申请减免诉讼费,还可以申请司法援助,请司法援助律师免费打官司。有的城市,低保人员在办理居民医保时,可以免交医保费用,医保费用由当地政府缴纳。

近年来,随着各项低保相关配套政策的陆续出台,最低生活保障制度在惠民生、解民忧、保稳定、促和谐等方面作出了突出贡献,有效保障了困难群众的基本生活。

27. 特困人员的对象范围是什么？

《特困人员认定办法》关于特困人员认定做出了如下规定：

同时具备以下条件的老年人、残疾人和未成年人，应当依法纳入特困人员救助供养范围：

(1)无劳动能力。

(2)无生活来源。

(3)无法确定赡养、抚养、扶养义务人，或者其法定义务人无履行义务能力。

符合下列情形之一的，应当认定为本办法所称的无劳动能力：

(1)60周岁以上的老年人。

(2)未满16周岁的未成年人。

(3)残疾等级为一、二、三级的智力、精神残疾人，残疾等级为一、二级的肢体残疾人，残疾等级为一级的视力残疾人。

(4)省、自治区、直辖市人民政府规定的其他情形。

知识链接

《社会救助暂行办法》第十四条：

国家对无劳动能力、无生活来源且无法定赡养、抚养、扶养义务人，或者其法定赡养、抚养、扶养义务人无赡养、抚养、扶养能力的老年人、残疾人以及未满16周岁的未成年人，给予特困人员供养。

28. 特困人员的认定原则是什么?

特困人员认定工作应当遵循以下原则:

(1)应救尽救,应养尽养。

(2)属地管理,分级负责。

(3)严格规范,高效便民。

(4)公开、公平、公正。

县级以上地方人民政府民政部门统筹做好本行政区域内特困人员认定及救助供养工作。

县级人民政府民政部门负责特困人员认定的审核确认工作,乡镇人民政府(街道办事处)负责特困人员认定的受理、初审工作。村(居)民委员会协助做好相关工作。

知识链接

《特困人员认定办法》第九条:

同时符合特困人员救助供养条件和孤儿、事实无人抚养儿童认定条件的未成年人,选择申请纳入孤儿、事实无人抚养儿童基本生活保障范围的,不再认定为特困人员。

29. 特困人员救助制度的基本原则有哪些?

(1)坚持托底供养。强化政府托底保障职责,为城乡特困人员提供基本生活、照料服务、疾病治疗和殡葬服务等方面保障,做到应救尽救、应养尽养。

(2)坚持属地管理。县级以上地方人民政府统筹做好本行政区域内特困人员救助供养工作,分级管理,落实责任,强化管理服务和资金保障,为特困人员提供规范、适度的救助供养服务。

(3)坚持城乡统筹。健全城乡特困人员救助供养工作管理体制,在政策目标、资金筹集、对象范围、供养标准、经办服务等方面实现城乡统筹,确保城乡特困人员都能获得救助供养服务。

(4)坚持适度保障。立足经济社会发展水平,科学合理地制定救助供养标准,加强与其他社会保障制度衔接,实现特困人员救助供养制度保基本、全覆盖、可持续。

(5)坚持社会参与。鼓励、引导、支持社会力量通过承接政府购买服务、慈善捐赠以及提供志愿服务等方式,为特困人员提供服务和帮扶,形成全社会关心、支持、参与特困人员救助供养工作的良好氛围。

知识链接

根据民政部消息,当前我国脱贫攻坚战取得全面胜利,现行标准下9899万农村贫困人口全部脱贫,其中1936万建档立卡贫困人口纳入低保或特困救助供养范围,但巩固拓展脱贫攻坚成果的任务依然十分艰巨。实施好特困人员救助供养制度,对于巩固拓展脱贫攻坚兜底保障成果,有效衔接乡村振兴战略,具有十分重要的意义。

30. 特困人员救助供养的办理程序是什么？

(1)申请程序。申请特困人员救助供养的，由本人向户籍所在地的乡镇人民政府(街道办事处)提出书面申请，按规定提交相关材料，书面说明劳动能力、生活来源以及赡养、抚养、扶养情况。本人申请有困难的，可以委托村(居)民委员会或者他人代为提出申请。

(2)审核程序。乡镇人民政府(街道办事处)应当通过入户调查、邻里访问、信函索证、群众评议、信息核查等方式，对申请人的收入状况、财产状况以及其他证明材料等进行调查核实，于 20 个工作日内提出初审意见，在申请人所在村(社区)公示后，报县级人民政府民政部门审批。

(3)审批程序。县级人民政府民政部门应当全面审查乡镇人民政府(街道办事处)上报的调查材料和审核意见，并随机抽查核实，于 20 个工作日内作出审批决定。对符合条件的申请予以批准，并在申请人所在村(社区)公布；对不符合条件的申请不予批准，并书面向申请人说明理由。

(4)终止程序。特困人员不再符合救助供养条件的，村(居)民委员会或者供养服务机构应当及时告知乡镇人民政府(街道办事处)，由乡镇人民政府(街道办事处)审核并报县级人民政府民政部门核准后，终止救助供养并予以公示。特困人员中的未成年人，满 16 周岁后仍在接受义务教育或在普通高中、中等职业学校就读的，可继续享有救助供养待遇。

知识链接

《社会救助暂行办法》第十七条

乡镇人民政府、街道办事处应当及时了解掌握居民的生活情况，发现符合特困供养条件的人员，应当主动为其依法办理供养。

31. 特困人员救助供养的内容是什么?

一是提供基本生活条件,包括供给粮油、副食品、生活常用燃料、服装、被褥等日常生活用品和零用钱。可以通过实物或者现金的方式予以保障。

二是对生活不能自理的人员给予照料,包括日常生活、住院期间的必要照料等基本服务。

三是提供疾病治疗。

四是办理丧葬事宜。

五是对符合规定标准住房困难的分散供养特困人员,通过配租公共租赁住房、发放住房租赁补贴等方式给予住房救助。

六是对在义务教育阶段就学的特困人员,给予教育救助。

知识链接

《国务院关于进一步健全特困人员救助供养制度的意见》指出,各地要统筹做好特困人员救助供养制度与城乡居民基本养老保险、基本医疗保障、最低生活保障、孤儿基本生活保障、社会福利等制度的有效衔接。符合相关条件的特困人员,可同时享受城乡居民基本养老保险、基本医疗保险等社会保险和高龄津贴等社会福利待遇。纳入特困人员救助供养范围的,不再适用最低生活保障政策。纳入孤儿基本生活保障范围的,不再适用特困人员救助供养政策。纳入特困人员救助供养范围的残疾人,不再享受困难残疾人生活补贴和重度残疾人护理补贴。

32. 特困人员救助供养的标准是什么？

特困人员救助供养标准包括基本生活标准和照料护理标准。基本生活标准应当满足特困人员基本生活所需，照料护理标准应当根据特困人员生活自理能力和服务需求分类制定，体现差异性。特困人员救助供养标准由省、自治区、直辖市或者辖区的市级人民政府综合考虑地区、城乡差异等因素确定、公布，并根据当地经济社会发展水平和物价变化情况适时调整。

知识链接

根据《国务院关于进一步健全特困人员救助供养制度的意见》有关规定，基本生活标准应当满足特困人员基本生活所需，原则上应不低于当地低保标准的1.3倍；照料护理标准依据特困人员生活自理能力和服务需求分档制定，一般参照当地最低工资标准、日常生活照料费用的一定比例分三档确定。

33. 特困人员救助供养的形式有哪些？

特困人员救助供养形式分为在家分散供养和在当地的供养服务机构集中供养。具备生活自理能力的，鼓励其在家分散供养；完全或者部分丧失生活自理能力的，优先为其提供集中供养服务。

（1）分散供养。对分散供养的特困人员，经本人同意，乡镇人民政府（街道办事处）可委托其亲友或村（居）民委员会、供养服务机构、社会组织、社会工作服务机构等提供日常看护、生活照料、住院陪护等服务。有条件的地方,可为分散供养的特困人员提供社区日间照料服务。

(2)集中供养。对需要集中供养的特困人员,由县级人民政府民政部门按照便于管理的原则,就近安排到相应的供养服务机构;未满16周岁的,安置到儿童福利机构。

知识链接

《国务院关于进一步健全特困人员救助供养制度的意见》中,关于特困人员救助供养的形式,除了分散供养和集中供养外,还有供养服务机构管理。具体内容为:供养服务机构应当依法办理法人登记,建立健全内部管理、安全管理和服务管理等制度,为特困人员提供日常生活照料、送医治疗等基本救助供养服务。有条件的经卫生计生行政部门批准,可设立医务室或者护理站。供养服务机构应当根据服务对象人数和照料护理需求,按照一定比例配备工作人员,加强社会工作岗位开发设置,合理配备使用社会工作者。

34. 什么情况下可以终止特困人员的救助供应?

特困人员有下列情形之一的,应当及时终止救助供养:

(1)死亡或者被宣告死亡、被宣告失踪。

(2)具备或者恢复劳动能力。

(3)依法被判处刑罚,且在监狱服刑。

(4)收入和财产状况不再符合相关规定。

(5)法定义务人具有履行义务能力或者新增具有履行义务能力的法

定义务人。

(6)自愿申请退出救助供养。

特困人员中的未成年人,可继续享有救助供养待遇至18周岁;年满18周岁仍在接受义务教育或者在普通高中、中等职业学校就读的,可继续享有救助供养待遇。

特困人员不再符合救助供养条件的,本人、照料服务人、村(居)民委员会或者供养服务机构应当及时告知乡镇人民政府(街道办事处),由乡镇人民政府(街道办事处)调查核实并报县级人民政府民政部门核准。

县级人民政府民政部门、乡镇人民政府(街道办事处)在工作中发现特困人员不再符合救助供养条件的,应当及时办理终止救助供养手续。

知识链接

《特困人员认定办法》规定,对拟终止救助供养的特困人员,县级人民政府民政部门应当通过乡镇人民政府(街道办事处),在其所在村(社区)或者供养服务机构公示。公示期为7天。公示期满无异议的,县级人民政府民政部门应当作出终止决定并从下月起终止救助供养。对公示有异议的,县级人民政府民政部门应当组织调查核实,在15个工作日内作出是否终止救助供养决定,并重新公示。对决定终止救助供养的,应当通过乡镇人民政府(街道办事处)将终止理由书面告知当事人、村(居)民委员会。对终止救助供养的原特困人员,符合最低生活保障、临时救助等其他社会救助条件的,应当按规定及时纳入相应救助范围。

第四章　医疗救助与灾害救助

35. 医疗救助的救助目标是什么？

医疗救助的最终目标是满足所有贫困人员的基本医疗需求。由于每个国家、每个地区的发展水平不一样，需要根据各地的经济能力来制定相应标准。因此，实际的目标应以当地政府的财政能力为依据，尽量满足当地贫困人员的医疗需求。

知识链接

医疗救助的保障水平应该与经济发展水平相适应。医疗救助保障的是困难居民的基本医疗服务，基本医疗服务的内容在各个不同的经济发展时期有不同的内涵。如果保障水平过低，可能造成救助资金结余，需要救助的人群不能受益；如果保障水平过高，则不利于费用控制，同时会加大财政负担。因此，医疗救助应该遵循的是“低水平，广覆盖”原则。首先，要保证救助的“低水平”能够达到满足受助对象基本卫生服务的要求，在资金允许的情况下，优先考虑扩大救助覆盖面而不是提高保障水平。

36. 医疗救助的救助主体是谁?

医疗救助主体是指在医疗救助实施中承担救助义务的责任主体。责任主体应当有四类:一是管理主体,包括各级政府及其职能部门,其中主要是民政、财政等部门,承担社会救助实施和监督责任。二是资金供给主体,包括政府、社会组织。政府是救助资金来源主渠道,以财政预算形式提供救助资金;社会组织和个人捐助救助是救助资金的补充来源。三是服务主体,包括政府职能部门、基层社区组织及医疗卫生服务供给机构和工作者等。其主要任务是组织实施救助和提供救助服务。四是监督主体,包括政府行政执法部门(民政、财政、审计)、司法部门、社会监督机构、新闻舆论监督等部门,从不同角度对社会救助工作进行监督。

知识链接

新冠肺炎疫情对全国人民特别是困难群众的生活产生巨大的冲击。对此,政府各相关部门出台了一系列应对救助措施。主要内容如下:

一是加大救助帮扶的力度。通过指导各地方统筹运用中央财政安排的困难群众基本生活救助资金以及地方财政安排的资金,财政系统将加大对困难群众的兜底保障。

二是加大医疗救助的力度。据介绍,继宣布新冠肺炎患者个人承担医疗费用部分由财政兜底后,中央财政又进一步增加了医疗救助资金的规模。中央财政下拨了医疗救助资金两百多亿元,并将进一步提高资金分配的精准度,进一步加大对疫情比较严重地区的倾斜力度。

三是加强就业。通过延长公益性岗位政策的实施期限,同时研究开发了一批新的公益性就业岗位,有关部门对就业困难人群提供了个性化的就业援助,帮助他们尽快返岗就业。

37. 医疗救助的救助对象有哪些?

医疗救助的救助对象是在医疗救助中接受医疗服务的疾病患者。确定救助对象是医疗救助的重点和难点。医疗救助的对象属于医疗上的弱势人群,即医疗弱势人群,其具体概念是指由于经济原因无法获得基本医疗服务的一类人群。理想和公平的做法是对医疗弱势人群做到全面覆盖,但现实中由于各种原因,是很难做到这点的。所以如何选择那些最需要的人群,成为医疗救助非常关键的问题。

随着我国基本医疗保障的逐步完善,以及人群疾病谱的巨大改变,特重大疾病的医疗支出导致贫困的问题日益凸显。从理论上来说,医疗贫困可能发生在任何人身上,当家庭发生特重大疾病时,可能因为贫困放弃治疗,也可能因为高额的自付费用陷入贫困。因此在界定医疗救助对象时,应兼顾"经济贫困"和"医疗贫困"两项指标,即应综合运用客观经济指标评估法和医疗需求定位法来确定医疗救助的对象。客观经济指标评估法是按经济收入或支出作为划分是否贫困以及贫困程度的标准,其中一个常用的指数是人均收入,具体的方法如贫困线外推法。

国际上贫困线的划分,通常是根据衣、食、住在内的基本生活需求能否满足来确定,医疗、教育等非生存资料的支出并未计算在内。如果利用贫困线来界定医疗救助对象,贫困线以上的临界贫困人群一旦发生了医疗费用,就很有可能陷入贫困。所以,医疗救助的标准线应较贫困线高出一些,在确定医疗救助标准线时,一般将贫困线标准向外扩展一定比例。为了弥补贫困线外推法单纯以"经济贫困"为界定标准的缺点,还需要借助医疗需求定位法识别"医疗贫困"群体。医疗需求定位法打破了确定救助对象仅仅从救助者角度出发的传统,充分考虑到被救助者对自身医疗状况的评价。除了有针对贫困群体的相对稳定的医疗救助体系外,还需要有比较灵活的制度设计来解决低收入群体之外的医疗贫困问题。总的来说,为了兼顾操作方便和准确科学,可以利用贫困线外推法确定一般人群的救助范围,而医疗需求定位法作为贫困线外推法的补充,用于识别固定范围之外的救助对象。

知识链接

贫困线,是在一定的时间、空间和社会发展阶段的条件下,维持人们的基本生存所必需消费的物品和服务的最低费用,贫困线又叫贫困标准。

世界银行2015年10月初宣布,按照购买力平价计算,将国际贫困线标准从此前的每人每天生活支出1.25美元上调至1.9美元。此次大幅上调意味着全球贫困人口数量将大量增加。

38. 医疗救助的救助方法有哪些?

医疗救助是救助实现的途径和措施之一。它是政府部门、社会有关单位,包括社会组织在内的在医疗救助中履行职责或发挥优势而采取的各种方法的汇集。它们具有一定的替代性和互补性,可通过不同的途径开展医疗救助,以不同的运行方式达到救助的目的。医疗救助的多样性,增大了对不同救助对象实行救助的可能,使医疗救助的普遍性和可及性得到加强。

不同的国家在对贫困人群实行医疗救助的过程中采用的方法也不尽相同,各地根据本地经济、社会发展水平和财政收入状况,采取多种医疗救助方式和途径。大致有以下几种：

(1)对医疗救助对象的医疗费用进行一定比例的减免或全免。

(2)政府设立的专项资金,实行重特大疾病专项救助。

(3)行会、工会等社会组织对会员进行互济互助,费用来自于该组织的储备金或者从单位福利费、工会经费、个人缴费中提取的一定比例。

(4)社会或慈善组织为病贫人员组织开展的义诊、义捐和无偿服务。大体有以下形式:①慈善医疗机构、福利医院,免费对持医疗救助卡的贫困人口进行医治服务;②慈善募捐。由慈善组织或其他社会组织发起,对特定贫困病人开展爱心募集资金活动,所筹资金专款专用,所剩部分再去救治新的对象;③定期义诊。医院与社区达成协议,定期轮流派医护人员或医疗救助志愿者无偿到社区,对符合医疗救助条件的人员进行上门服务。

知识链接

从各地实践来看,我国医疗救助的分类方法主要有以下几种:

按救助病种,可以分为门诊救助、住院救助、综合救助。

按救助形式,可以分为直接救助和间接救助。

按救助对象,可以分为城市医疗救助对象和农村医疗救助对象。

按救助时间,可分为医前救助、医中救助和医后救助。

39. 医疗救助的法规与政策有哪些?

城乡医疗救助是我国专项社会救助的重要内容之一。民政部、卫生部、财政部于2003年提出了《关于实施农村医疗救助的意见》,2005年国务院办公厅转发了民政部、卫生部、劳动保障部、财政部《关于建立城市医疗救助制度试点工作的意见》,分别对城乡医疗救助工作作出了规定。2009年,民政部、财政部、卫生部、人力资源和社会保障部发布《关于进一步完善城乡医疗救助制度的意见》,提出进一步完善医疗救助制度、筑牢医疗保障底线的目标;计划用3年时间,在全国基本建立起资金来源稳定、管理运行规范、救助效果明显,能够为困难群众提供方便、快捷服务的医疗救助制度。2013年,财政部和民政部联合印发《城乡医疗救助基金管理办法》,进一步推动了医疗救助工作的开展。2014年发布的《社会救助暂行办法》中对医疗救助的基本制度作了明确的规定。2015年,国务院办公厅转发了民政部等五部门《关于进一步完善医疗救助制度全面开展重特大疾病医疗救助工作意见》。2019年,国务院对《社会救助暂行办法》中的相关规定作了修改,将负责医疗救助审批的部门由原来的民政部门修改为医疗保障部门。

知识链接

随着近几年医药改革的逐步深入,越来越多的药品开始纳入医保,包括某些抗癌药、罕见病药。2021年,最新版国家医保药品目录于3月1日正式启用。经过调整后的医保药品目录,纳入119种药品,调出29种药品。

清退“僵尸药”、新增抗癌药、覆盖新冠肺炎治疗相关药品、新纳入药品平均降价50.64%……最新版医保药品目录再次体现“保基本”的功能定位,推动实现医保、企业、患者的“三方共赢”。

40. 农村医疗救助的救助对象有哪些？

（1）农村五保户、农村贫困家庭成员。

（2）地方政府规定的其他符合条件的农村贫困农民。

救助对象的具体条件由地方民政部门会同财政、卫生部门制定，报同级人民政府批准。

知识链接

所谓五保户，主要包括以下几项：保吃、保穿、保医、保住、保葬（孤儿为保教）。

五保户常见于我国的农村地区，这种制度的设立体现了我国法律保护老人和儿童的一贯原则，是社会主义和人道主义的具体体现。

《农村五保供养工作条例》中的五保供养对象，主要包括符合下列条件的老年人、残疾人和未满16周岁的村民：无劳动能力、无生活来源又无法定赡养、抚养、扶养义务人，或者其法定赡养、抚养、扶养义务人无赡养、抚养、扶养能力的，享受农村五保供养待遇。

41. 农村医疗救助服务机构有哪些规定？

（1）已开展新型农村合作医疗的地区，由农村合作医疗定点卫生医疗机构提供医疗救助服务；未开展新型农村合作医疗的地区，由救助对象户口所在地乡（镇）卫生院和县级医院等提供医疗救助服务。

（2）提供医疗救助服务的医疗卫生机构等应在规定范围内，按照本地合作医疗或医疗保险用药目录、诊疗项目目录及医疗服务设施目录，为医疗救助对象提供医疗服务。

(3)遇到疑难重症需转到非指定医疗卫生机构就诊时，要按当地医疗救助的有关规定办理转院手续。

(4)承担医疗救助的医疗卫生机构要完善并落实各种诊疗规范和管理制度，保证服务质量，控制医疗费用。

知识链接

新型农村合作医疗(简称“新农合”)是指由政府组织、引导、支持，农民自愿参加，个人、集体和政府多方筹资，以大病统筹为主的农民医疗互助共济制度。其采取个人缴费、集体扶持和政府资助的方式筹集资金。

42. 农村医疗救助的救助办法有哪些?

(1)开展新型农村合作医疗的地区，资助医疗救助对象缴纳个人应负担的全部或部分资金，参加当地合作医疗，享受合作医疗待遇。因患大病经合作医疗补助后个人负担医疗费用过高，影响家庭基本生活的，再给予适当的医疗救助。

(2)尚未开展新型农村合作医疗的地区，对因患大病个人负担费用难以承担，影响家庭基本生活的，给予适当医疗救助。

(3)国家规定的特种传染病救治费用，按有关规定给予补助。

医疗救助对象全年个人累计享受医疗救助金额原则上不超过当地规定的医疗救助标准。对于特殊困难人员，可适当提高医疗救助水平。

知识链接

农村大病救助的标准如下：

(1)患22类重大疾病的参合农村居民,其住院和大病门诊纳入新农合报销政策范围内的个人自负费用,年度累计超过3000元以上部分,按60%比例给予救助;新农合报销政策范围外费用年度累计超过3000元以上部分,按20%比例给予救助。

(2)除患22类重大疾病外的参合农村居民,其住院和大病门诊纳入新农合报销政策范围内的个人自负费用,年度累计超过2万元以上部分,按60%比例给予救助;新农合报销政策范围外费用年度累计超过4万元以上部分,按20%比例给予救助。

(3)农村大病医疗救助费用和救助金额累计时间按自然年度计算,年度救助额封顶线10万元。

43.如何筹集农村医疗救助基金?

各地要建立医疗救助基金,基金主要通过各级财政拨款和社会各界自愿捐助等多渠道筹集。

各级财政部门每年年初根据实际需要和财力情况安排医疗救助资金,列入当年财政预算。县级人民政府要建立独立的农村医疗救助基金,基金来源包括财政拨款、彩票公益金、社会各界自愿捐助、利息收入等。

县级以上财政部门对实行农村医疗救助制度的困难地区给予资金支持。中央财政对中西部等贫困地区农村医疗救助给予适当支持,具体补助金额由财政部、民政部根据各地医疗救助人数和财政状况以及工作成效等因素确定。补助下级的预算资金全部通过国库划拨，预算外资金的划拨按相关规定办理。

知识链接

农村医疗救助基金的筹集、管理和使用情况，以及救助对象、救助金额等情况应通过张榜公布和新闻媒体等方式定期向社会公布，接受社会监督。农村医疗救助基金必须全部用于农村贫困家庭的医疗救助，任何单位和个人不得截留、挤占、挪用。民政、财政、审计等部门要定期、不定期对农村医疗救助基金的使用情况进行监督管理，发现问题及时纠正，并及时向当地人民政府和有关部门报告。民政部、财政部根据需要，对各地医疗救助基金使用情况进行抽查。若发现虚报冒领、挤占挪用、贪污浪费等违法违纪行为，将依法严惩不贷。

44. 城镇医疗救助的救助对象有哪些？

城镇医疗救助的对象主要是城市居民最低生活保障对象中未参加城镇职工基本医疗保险人员、已参加城镇职工基本医疗保险但个人负担仍然较重的人员和其他特殊困难群众。具体条件由地方政府民政部门会同卫生、劳动保障、财政等部门制定并报同级人民政府批准。如北京市规定的城市医疗救助对象为：享受本市城市居民最低生活保障待遇的人员；享受本市城市居民生活困难补助待遇的人员；经当地民政部门审核认定，符合本市城市低收入家庭认定条件并取得《北京市低收入家庭救助证》的城乡低保边缘家庭成员；本市规定的其他特殊生活困难人员。

知识链接

针对贫困人口,政府出台了一系列措施帮助他们获得医疗保障。

根据《社会保险法》《社会救助暂行办法》有关规定,城乡居民医保实行国家普遍性财政补助和个人缴费相结合的筹资方式,对低保对象、特困人员、农村建档立卡贫困人口等个人缴费有困难的城乡困难群众,政府通过医疗救助对其个人缴费部分给予补贴。其中,特困人员给予全额资助,低保对象、建档立卡贫困人口给予定额资助。

如果是无力缴纳医保参保费的贫困人口,可通过国家普遍性财政补助和特殊财政补贴的形式及时参加城乡居民基本医疗保险。当其产生住院或门诊医疗费用时,还可按规定纳入基本医疗保险、大病保险、医疗救助三重制度保障,享受相应的住院及门诊费用报销和救助。

45. 城镇医疗救助的救助标准有哪些?

对救助对象在扣除各项医疗保险可支付部分、单位应报销部分及社会互助帮困部分后,个人负担超过一定金额的医疗费用或特殊病种医疗费用给予一定比例或一定数量的补助。具体补助标准由地方政府民政部门会同卫生、劳动保障、财政等部门制定。对于特别困难的人员,可适当提高补助标准。县级以上地方政府民政部门、卫生部门共同协商,确定为当地救助对象提供医疗救助服务的医疗卫生机构,原则上参照当地城镇职工基本医疗保险甲类用药目录、诊疗项目目录和医疗服务设施目录制定医疗救助对象的医疗服务标准。

县(市、区)民政部门按照量力而行、尽力而为、量入为出、收支平衡的原则,会同卫生、劳动保障、财政等部门对本地区救助对象上一年度或前三年医疗费用实际支出情况进行认真分析测算,科学合理地确定城市医疗救助标准,并可根据城市医疗救助基金的实际收支情况对救助标准适时进行调整。

知识链接

城市医疗救助由个人向社区居民委员会提出书面申请和相关证明材料,居民委员会受理后,张榜公布,无异议的上报街道办事处(乡镇人民政府)并填报《城市医疗救助申请审批表》。街道办事处(乡镇人民政府)对上报的申请表和有关证明材料进行审核;县(市、区)民政部门对街道办事处(乡镇人民政府)上报的有关材料进行审批,并报同级财政部门复核。城市医疗救助资金由县(市、区)财政拨付给县民政局,民政部门委托给街道办事处(乡镇人民政府)发放,或由县(市、区)民政部门通过银行、邮局等直接支付给救助对象。有条件的地方,应实行国库集中支付。

46. 如何筹集城镇医疗救助基金?

县(市,区)人民政府要按照多方筹资的原则,建立起中央及省、市、县(市、区)各级财政分担为主,彩票公益金和社会各界捐助等其他社会投入为辅的城市医疗救助资金筹资体系,主要包括:民政部、财政部根据困难地区的城市医疗救助人数、财政状况以及工作成效等因素确定中央财政补助资金分配方案;省级财政对困难地区给予适当补助;地方财政部门根据本地区开展城市医疗救助工作需要和财政支付能力,在年度预算中安排的城市医疗救助资金;民政部门从留归本部门使用的彩票公益金中按照一定比例或一定数额安排用于城市医疗救助的资金;社会各界自愿捐赠用于城市医疗救助的捐赠资金;城市医疗救助基金形成的利息收入;按规定可用于城市医疗救助的其他资金。

知识链接

城市医疗救助基金要纳入社会保障基金财政专户,实行专账核算、专项管理、专款专用,不得提取管理费或列支其他任何费用。县(市、区)财政部门在社会保障基金财政专户中建立城市医疗救助基金专账,用于办理基金的汇集、核拨、支付等业务。县(市、区)财政预算安排的资金按季或按月划拨至本级财政部门城市医疗救助基金专账;经批准用于城市医疗救助的彩票公益金应及时由财政专户划拨至城市医疗救助基金专账;县(市、区)财政部门收到上级补助资金之后应及时全额划拨至城市医疗救助基金专账;社会各界的捐款及其他各项资金按属地化管理原则及时交存县(市、区)财政部门城市医疗救助基金专账。县(市、区)民政部门也应设立城市医疗救助基金专账,用于办理基金的支付和发放业务。城市医疗救助基金年度收支计划由地方民政部门会商财政部门后报同级人民政府批准后执行。民政部门定期向同级财政部门和上级民政部门报送收支计划执行情况。

47. 灾害分为哪几种?

灾害可分为自然灾害和人为灾害。自然灾害是指由于自然界发生的不以人的主观意志为转移的自然现象引起的灾害。主要包括以下类型:

(1)地质灾害:地震、火山爆发、地陷等。

(2)地貌灾害:泥石流、滑坡、雪崩、水土流失等。

(3)气象灾害:水灾、旱灾、风灾、冷害、雹灾、雷击等。

(4)水文灾害:海啸、海侵、风暴潮、泥沙淤积等。

(5)生物灾害:病虫害、草害、鼠疫、物种灭绝等。

(6)天文灾害:陨石冲击、小行星撞击、电磁爆、太阳辐射异常等。

人为灾害指主要由人为因素引发的灾害。其种类很多,主要包括自然资源衰竭灾害、环境污染灾害、火灾、交通灾害、人口过剩灾害及核灾害。其主要分类如下:

(1)自然资源衰竭灾害:森林资源衰竭灾害、物种资源衰竭灾害、沙漠化灾害、水土流失灾害、土地资源衰竭灾害等。

(2)环境污染灾害:大气污染灾害、土壤污染灾害、水体污染灾害、海洋污染灾害等。

(3)火灾:森林火灾、生产和生活火灾等。

(4)交通灾害:陆地交通事故、空难、海难等。

(5)人口过剩灾害:人口过剩对土地资源的压力、人口过剩对水资源的压力、人口过剩对森林和物种资源的压力等。

(6)核灾害:核污染、核战争等。

正确区分灾害种类,有助于我们做好灾害预防。对于不同原因引起的灾害,人们实施的救助方案基本是相同的,但对灾害预防采取的方式是不同的。

知识链接

随着人类科学技术水平的提高和社会经济的发展,人类活动范围和领域不断扩大,自然灾害对人类的影响也越来越广泛。概括而言,自然灾害影响可归结为四个方面:对人类生命产生影响,即造成人口死亡、肢体受伤、精神和心理受到伤害;对经济产生影响,使人类创造的财产以及各种生产活动遭到破坏;对社会产生影响,妨碍社会进步,甚至影响社会安定;对资源与环境产生影响,破坏土地、资源与环境,破坏水资源与水环境,破坏生态资源与环境等。基于这些表现,自然灾害的破坏损失由各种破坏效应所组成,即生命损失、经济损失、社会损失、资源与环境损失。

48. 什么是灾害救助?

灾害救助是指国家或社会依法为因遭遇各种灾害而陷入生活困难的社会成员提供现金、实物或服务的援助,以保证其维持最低生活水平,度过特殊困难时期,帮助其重获自行生存能力,尽快恢复正常的生产生活的社会救助项目。虽然一般意义上的灾害是指自然灾害,但对灾害救助的认识不应仅仅局限在自然灾害领域,而是针对各种自然、人为灾害的预防、救助与灾害重建等;从灾害救助的性质上来说,它是一种极为复杂的、社会的、半军事化的紧急行动,包括从营救到医疗、从生活到公安、从技术到工程、从组织到指挥的救灾系统。

现代意义上的灾害救助,不仅包括灾时的应急反应、营救、灾后救助等方面,还应着眼于风险管理、减灾和防灾,重视从防灾到救灾的整体规划、系统管理、过程控制、资源整合和组织协调。

知识链接

灾害救助制度简称救灾制度,是指自然力给人类造成的损害后,由政府及社会给予灾民物资帮助的一种制度。

我国是一个自然灾害频繁的国家,水灾、旱灾、风灾、冰雹灾等自然灾害不断,严重影响了人民生活。为做好灾民的救助工作,我国建立了针对突发性自然灾害的社会救助制度。在我国,各级政府每年都在财政预算中安排救灾支出,用于安置和救济灾民。

49. 灾害救助有哪些特征?

灾害救助具有以下特征:

(1)灾害救助的应急性。大多数灾害的发生都具有突发性,会在短时间内造成严重的财产损失和人员伤亡,给受灾地区人们的生产生活造成不可估量的影响。如若不能及时对受灾群众施救,很有可能会由于生存条件和卫生条件恶化,发生大的流行病疫情,不仅会危及灾区群众,而且还会造成更大范围的损失和社会混乱。这就要求灾害救助的实施必须迅速及时,这样才能把灾害的危害降到最低,最大程度地保护人民群众的生命财产安全。

(2)灾害救助对象的复杂性。虽然我们可以简单地把灾害救助的对象看做是灾区的灾民和环境,但必须看到灾民的复杂性以及灾区社会关系的复杂性。因为在灾害的冲击下,灾民正常的追求、乐趣、目标、心理、行为等都被打破或中断,因此无论是其心态还是其行为,都表现出异常复杂的特点。而社会是关系的产物,在灾害情景下正常的关系受到冲击和影响,社会机体整合受阻,可能出现紊乱状态、社会控制能力降低等复杂的社会现象。因此对灾民和社会的救助都是比较复杂和困难的。

(3)灾害救助的不确定性。由于灾害发生的形式、时间、地点及影响范围、损失程度都具有不确定性,在灾害发生前无法形成确定的执行方案。灾害救助所需的人员、财力、物力及救助形式都需要根据灾害事故的类型与损失情况及当地的具体条件而定。因此,灾害救助具有较强的灵活性和不确定性,在实践中需要根据每一次灾害事故的实际损失程度和损失对象采取有针对性的救助方式、救助形式和救助内容。

(4)灾害救助的多样性。灾害救助的多样性包括救助内容的多样性、救助手段的多样性和救助主体的多样性。灾害救助不仅是灾害中及灾害后满足灾民对基本生活资料的需求,还有为了避免疫情爆发所进行的医疗服务方面的救助和对当地灾民进行的心理治疗。灾害救助内容的多样性决定了救助手段的多样性,主要有物质手段、精神手段和组织手段,既包括根据灾害损失的实际情况为受灾地区和民众提供相应的现金、实物支持,也包括医疗甚至是技术等方面的救助,在特定条件下还可以采取以工代赈的方式进行救助。随着社会经济的发展,民间团体和慈善组织逐渐成为灾害救助中不可缺少的力量,灾害救助的主体不仅包括国家和政府,而且有大批的民间组织、非营利组织、企业和个人参与其中,救助的主体不断扩大。

知识链接

灾害救助的意义如下:

(1)帮助受灾者迅速摆脱灾害困扰。灾害救助的功能首先是帮助受灾者恢复和重建被灾害破坏的基本生存条件。灾害特别是重大灾害过后,给人们的生命和财产带来了毁灭性的损害,甚至破坏赖以生存的自然环境。此时受灾者的生存问题,如就医、饮食、住宿等尤为突出,急需给予他们基本的生活保障,这些保障一般都是通过政府和社会提供的救助来完成。

(2)恢复社会秩序,维护社会稳定。自然灾害不仅严重毁坏人类的财物,制造贫困,威胁人类的生存,破坏生产力,影响经济的发展,而且能给人们的精神和心理带来深重的创伤和压力,导致人心不稳,影响社会的安定,甚至引起社会的动乱。灾害救助通过必要的物质救助帮助灾民得到生活保障,安抚受灾群众情绪,并通过相应的社会组织协调和化解社会矛盾,维护正常的社会秩序,从而达到维持社会稳定的目的。

50. 灾害救助的责任主体是谁?

(1)灾害救助是政府不可推断的责任,政府起着主导作用,处于核心地位。参与灾害救助的政府部门,主要是政府的行政职能部门,在我国,民政部门是代表政府进行灾害救助的主导部门。另外,财政、教育、卫生、司法、劳动、法院等部门按照各自的职能都承担了相应的救助责任。政府在救灾中有两个层面的作用:一是作为救灾主体发挥政府各职能部门的救灾作用,给予财政资金、物资、技术等方面的支持;二是对救灾工作发挥协调组织作用,成立救灾组织,动员社会救灾力量,接受、管理社会捐赠资金,组织志愿者,接受国际援助等。

从国家层面来讲,我国灾害救助的主体主要有民政部门、国务院应急管理办公室和国家减灾委员会。

①民政部门。我国的灾害社会救助主要由民政部门负责实施。民政部下专设救灾司,其下又设救灾捐赠(综合)处、救灾处、备灾处、减灾处。其主要职责是:拟订救灾工作政策;承办救灾组织,协调工作;组织自然灾害救助应急体系建设;承办灾情组织核查和统一发布相关信息工作;承办中央救灾款物管理、分配及监督使用工作;会同有关方面组织协调紧急转移安置灾民,农村灾民毁损房屋恢复重建补助和灾民生活救助;承办中央级生活类救灾物资储备工作;组织和指导救灾捐赠;拟订减

灾规划,承办国际减灾合作事宜。民政部接到灾情报告后,应及时会同有关部门和组织专家分析灾情,对确认为特大灾害的,应立即启动国家应急预案。

②国务院应急管理办公室。国务院是突发公共事件应急管理工作的最高行政领导机构。突发公共事件是指突然发生,造成或者可能造成重大人员伤亡、财产损失、生态环境破坏和严重社会危害,危及公共安全的紧急事件。根据突发公共事件的发生过程、性质和机理,突发公共事件主要分为自然灾害、事故灾害(主要包括工矿商贸等企业的各类安全事故、交通事故、公共设施和设备事故、环境污染和生态破坏事件等)、公共卫生事件(主要包括传染病疫情、群体性不明原因疾病、食品安全和职业危害、动物疫情以及其他严重影响公众健康和生命安全的事件)、社会安全事件(主要包括恐怖袭击事件、经济安全事件和涉外突发事件等)四类。国务院应急办公室在国务院总理领导下,通过国务院常务会议和国家相关突发公共事件应急指挥机构,负责突发公共事件的应急管理工作;必要时,派出国务院工作组指导有关工作。

③国家减灾委员会。中华人民共和国民政部国家减灾中心于2002年4月成立,2009年2月加挂“民政部卫星减灾应用中心”牌子。该中心主要承担减灾救灾的数据信息管理、灾害及风险评估、产品服务、空间科技应用、科学技术与政策法规研究、技术装备和救灾物资研发、宣传教育、培训和国际交流合作等职能,为政府减灾救灾工作提供信息服务、技术支持和决策咨询。

(2)非营利组织和社会基层自治组织在灾害救助中也发挥重要作用。我国《自然灾害救助条例》规定,村民委员会、居民委员会以及红十字会、慈善团体和公募基金会等社会组织,依法协助人民政府开展自然灾害救助工作。这些救灾主体不同于政府,他们是在力所能及的范围进行救灾,发挥自己组织特有优势为救灾贡献力量,政府需要对其进行组织引导,充分发挥其优势。

在社会主义市场经济体制下,各种社会团体不断涌现,壮大了非政府组织的力量,为非政府组织在各种领域发挥重要作用奠定基础。汶川地震时,非营利组织抗震救灾的反应迅速,联合多个网站进行联合劝募,采取向社会发出救灾倡议,组织捐赠活动,组织专业救援队开展救援活动及灾后心理救助等多种形式参与抗震救灾。

(3)企业、个人也是灾害救助不可缺少的力量。我国《自然灾害救助条例》规定,国家鼓励和引导单位和个人参与自然灾害救助捐赠、志愿服务等活动。对在自然灾害救助中作出突出贡献的单位和个人,按照国家有关规定给予表彰和奖励。企业或个人对遭受自然灾害或人为灾害的居民提供各种形式的灾害保障援助,是一种单方面的援助,不具有稳定性和可靠性,目前只能作为一种补充性灾害保障方式。他们虽然是救灾不可缺少的重要力量,但是,他们均是在自愿的基础上参与灾害救助,出钱出力均来自于他们高度的社会责任感和对遇难同胞的深切同情。尽管是出于义务救灾,但依然得遵守国家灾害救助相关法律政策的规定,防止出于良好动机带来反面结果,防止利用救灾谋取不正当利益等违法行为。

(4)灾区基层社区组织和灾民也是救灾主体。他们是自然灾害救助中的特殊主体,既是受害者,又是救灾者,在灾害救助中发挥着自救互救的作用。他们的作用发挥好了,对于减少灾害损失有非常直接的作用。因此,在灾害救助中要鼓励灾区和灾民自助互助,尽早摆脱灾害困扰,恢复正常生产生活秩序,重建家园。

(5)国际人道主义援助。国际援助的主体有国家及其所属机构、国际有关组织、社会团体。国际援助的形式有资金、技术、物品、人力,也包括智力和信息等多种要素进行救灾援助。但接受外援需要一定条件,我国规定自然灾害一级预案启动,才可以呼吁国际救灾援助,由国家减灾委员会统一接收、管理、分配国际救灾捐赠款物。外交部协助做好救灾的涉外工作。中国红十字会依法开展救灾募捐活动,参与救灾和伤员救治工作。

知识链接

为了建立健全应对突发重大自然灾害紧急救助体系和运行机制,规范紧急救助行为,提高紧急救助能力,迅速、有序、高效地实施紧急救助,最大限度地减少人民群众的生命危险和财产损失,维护灾区经济与社会稳定,国务院于2006年发布了《国家自然灾害救助应急预案》。为了有效地指导具体救灾救急工作的开展,《民政部救灾应急工作规程》于2009年公布。为了加强对自然灾害中受灾人员的救助,国务院公布了《自然灾害救助条例》,自2010年9月1日起施行。另外,《国家自然灾害救助应急预案》于2011年再次修订公布。发生事故灾难、公共卫生事件、社会安全事件等突发事件、需要由县级以上人民政府应急管理部门和民政部门开展生活救助的,参照《自然灾害救助条例》中有关条例内容执行。法律、行政法规对防灾、抗灾、救灾另有规定的,从其规定。

51. 灾害救助的总体任务是什么?

灾害救助的总任务是保障受灾人员基本生活。这一总任务具体分为三个环节,即防灾、抗灾、救灾和恢复重建。

防灾是指容易发生灾害的地区,在灾害发生前,采取各种预防措施,尽可能地杜绝灾害的发生。

抗灾是指为了抵御、控制和消除灾害的影响，在灾情出现时，采取一切措施和手段，防止灾害的泛滥，尽可能把灾害的损失降到最低程度。

救灾是指灾害已经形成，在灾害发生的过程及在其后，有关政府部门迅速组织力量抢救灾民的生命、财产，安排灾民的生产和生活，也包括灾后恢复重建。

完成这三个环节的任务要做好以下工作：

（1）做好灾害预防工作。制定相应的自然灾害救助应急预案，为可能发生的灾害做好充分的救援准备。设立自然灾害救助应急组织指挥体系，成立救助应急队伍，储备救助应急资金、物资、设备，灾后应急救助和居民住房恢复重建措施。自然灾害多发、易发地区设立自然灾害救助物资储备库。

（2）灾害发生后，做好应急救助工作。自然灾害发生并达到自然灾害救助应急预案启动条件的，应当及时启动自然灾害救助应急响应，采取多项措施实施救援。紧急转移安置受灾人员；紧急调拨、运输自然灾害救助应急资金和物资，保障受灾人员基本生活；抚慰受灾人员，处理遇难人员善后事宜；组织受灾人员开展自救互救；组织自然灾害救助捐赠活动。

（3）灾情稳定后，做好灾后恢复重建工作。在这个阶段，虽然自然灾害危险消除了，但灾害造成的破坏并没有恢复，要求灾害救助工作进入常态化阶段。及时拨付过渡性生活救助资金，并做好过渡性救助资金发放等工作。应当统筹研究制订居民住房恢复重建规划和优惠政策，组织重建或者修缮因灾损毁的居民住房，对恢复重建确有困难的家庭予以重点帮扶。采取就地安置与异地安置、政府安置与自行安置相结合的方式，对受灾人员进行过渡性安置。

知识链接

《国家自然灾害救助应急预案》建立健全应对突发重大自然灾害紧急救助体系和运行机制,规范紧急救助行为,提高紧急救助能力,迅速、有序、高效地实施紧急救助,最大程度地减少人民群众的生命和财产损失,维护灾区社会稳定。政府统一领导、分级管理、条块结合、以块为主、部门密切配合,分工协作、各司其职、各尽其责。依靠群众,充分发挥基层群众自治组织和公益性社会团体的作用。

52. 灾害救助的救助对象有哪些?

灾害的社会救助对象是遭受自然灾害侵袭,并导致损害结果出现的灾区及其灾民。

灾区,即受灾区域的简称。根据遭受各种自然灾害袭击并造成财产损失和人身伤亡的程度,灾区可以划为轻灾区、重灾区、特重灾区和插花灾区。其中,轻灾区是指遭受自然灾害袭击且财产损失或工农业生产减产减收在3~5成之间的地区;重灾区指遭受严重的自然灾害袭击且财产损失或工农业生产减产减收在5~8成之间,以及人畜伤亡较大的地区;特重灾区指遭受毁灭性的自然灾害袭击,财产损失或工农业生产减产减收在8成以上,并且造成重大人员伤亡的地区;插花灾区指遭受自然灾害袭击但因地形、气温等因素影响使损失后果极不均衡的地区。特重灾区的受灾人口和其他类型灾区中的重灾户是自然灾害社会救助的基本对象。

灾民,是指灾区中生活、生产困难的自然人。灾民包括:①因灾造成的伤病员;②因灾造成的无住房、无衣被、无口粮、无耕地、无生产工具或生产资料的人员;③因灾导致减产,减收3成及3成以上,以及发生饥荒和因饥荒引起各种疾病的人员。按照遭受损害程度划分,它又可以分为轻灾民、重灾民和特重灾民。

知识链接

我国是世界上自然灾害发生广泛、灾种多样、灾情严重的国家之一。

我国正好位于世界上两个典型灾害带的交汇处,灾害多发。我国自然灾害类型多样,全球多种自然灾害在我国都有发生,尤其以地震、干旱、洪涝、台风、风暴潮的危害最为严重。

我国主要自然灾害的空间分布如下:

旱灾——华北平原、长江中下游平原、东北;

洪涝灾害——长江中下游平原、华北平原;

地震灾害——台湾、华北、西北、西南;

泥石流、滑坡——西南;

台风——东南沿海。

53. 对灾民的救助内容有哪些?

灾害首先给灾区居民带来财产及生命损害,救灾要以保障灾民生命安全和减少财产损失为核心,救灾的内容以灾害造成的损害结果为前提,采取适合的手段和方式实施救助,一般围绕灾民的灾害救助包括以下内容:

(1)紧急救援。主要是在灾害初始发生后,对灾民生命和财产的紧急救援。这是灾害发生后第一时间要做好的工作，一般在灾害应急预案中有明确规定，政府要依据灾情作出启动相应级别应急预案的决定，迅速开始救援工作。由于突发性的灾害，尤其是重大自然灾害常常会造成人员死伤以及财产的损失，所以灾害救助始终强调要以保障人民群众的生命及财产安全为首要任务，树立“生命至上”的理念。尽最大可能减少灾害对灾民造成的各种伤亡和财产损失，在“物”与“人”的关系上，把抢救生命放在第一位。

(2)拨付救灾资金与物资，转移安置受灾群众。根据灾害损失程度和救灾的需要，通过拨付救灾资金与物资为灾民提供衣、食、住、医等最基本的生活保障，如食物的发放、饮水供给，帐篷搭建或临时住所安置以及学生就学等，这是解决灾民的基本生存问题。货币资金与实物救助需要搭配使用，由于灾害很可能造成灾区的商品供给能力被大大削弱甚至消亡，救灾商品市场不同程度地存在着供给者缺失的问题。在生活必需品市场尚不具备的前提下，发放货币对于灾民而言缺少实际意义，相反，实物救助因与灾民的基本需求相吻合，可以给灾民带来较高的满意度。

转移安置是灾害过后，由于原有生活设施破坏，不能在原住地继续生活，因而需要转移安置，确保灾民生命安全和身体健康。有的转移安置是临时性的，有的则是永久性的，依据灾害破坏程度，以能否适宜人的继续生存为标准确定。

(3)恢复工农业生产和公共设施，重建因灾损毁的工商企事业单位、道路、电路、学校，医院及农田水利工程等。帮助灾民恢复重建，使其生产、生活能迅速恢复到灾前水平，甚至有所提高。

(4)安抚灾民情绪，对受灾群众进行心理疏导工作，实施精神救灾。灾后心理援助就是心理专业人员通过沟通疏导、抚慰等方式，帮助心灵遭遇短期失衡的患者进行调整，短时期尽快恢复正常心理状态。因为灾害不仅带来巨大的经济损失和严重的人员伤亡，而且会给人们造成严重的心理伤害和精神伤害。所以，做好灾民的心理疏导和精神救援是十分必要的，这对于灾民保持心理健康，正确面对灾难，恢复正常的生活状态起到非常重要的作用。

(5)帮助灾民确立自力更生的能力。灾民自力更生的能力指灾民在大规模救灾活动停止后，依靠自己的力量，进行正常的物质和精神生活的能力。救灾重要，灾民自救更为重要，要通过救灾帮助灾民自救，确立自我生活的能力。因此，恢复和帮助灾民确立自力更生的能力既是灾害社会救助的重要内容，也是灾害社会救助的根本目的。

知识链接

灾民安置点的建设和管理是灾害救助中重要的一环。为确保集中安置点入住群众居住安心、生活安定和生命财产安全，维护受灾群众切身利益，搞好安置点的管理和服务工作，实现安置点的规范化管理，按照属地化管辖原则，可制定以下两点集中安置点规范管理制度。

(1)高度重视，加强领导。为切实加强受灾群众集中安置点管理工作，可成立受灾群众集中安置点管理工作小组，领导小组下设办公室，各安置点成立工作小组，负责对各安置点各项工作进行规范化管理。

(2)工作职责及分工。各安置点选出的小组长全力配合管理人员做好分管区域群众的管理、教育以及完成其他日常性工作。

54. 灾后社区重建有哪些内容?

灾后社区重建也称为灾区社会救助,对灾区社会的救助是灾害救助顺利进行的保障和前提,没有对灾区社会的救助就不可能全面实现灾害救助的目标。对灾区社会进行救助要借助一切手段,整合社会组织,恢复社会功能,实现社区生活正常化。灾区社会救助的主要内容还包括以下几点:

(1)灾区社会秩序的维持与建设。与灾害相伴随的经常是严重的社会混乱,经历了人身的恐慌和财产上的损失之后,灾民情绪难以控制,一些不法分子"浑水摸鱼"的现象经常发生,社会治安状况被严重破坏。特别是一些重大灾难,灾民临时集中居住,如何在救助灾民生活的同时保证良好的社会秩序,这也是灾害救助中的一个重要任务。

(2)政权组织及政党、团体等社会组织的恢复及功能发挥。在组织灾区生命救助、生活和生产救助以及救灾物资发放等过程中,已有的基层政权组织和其他社会组织可以发挥巨大的作用,但这些组织也经常在灾害发生及灾后的混乱中受到巨大冲击。因此,在灾害救助中,我们应尽快恢复已有的政权与社会组织,建立一些临时性社区救灾指挥机构,组织救灾志愿者,通过他们的组织与发动,让灾后的群众尽快投入到生产自救工作之中。

(3)建立灾区自助互助组织。救灾过程中群众团结互爱,互相帮助,也有助于增进社会团结。特别是灾民,他们能感受到来自政府和社会的温暖,能得到邻里和一些组织的无偿救助,这对于灾区社会风气和精神文明的建设有着极大的促进作用。在救灾过程中,发动灾区群众互助互爱,发动社会一定区域的人们捐款捐物,这些行动不仅能有效地应对灾害的毁坏,也对社会发展有着重要意义。

知识链接

住房重建计划和优惠政策制定:自然灾害危险消除后,受灾地区人民政府应当统筹研究并制定居民住房恢复重建规划和优惠政策,组织重建或者修缮因灾损毁的居民住房,对恢复重建确有困难的家庭予以重点帮扶。居民住房恢复重建应当因地制宜、经济实用,确保房屋建设质量符合防灾减灾要求。受灾地区人民政府民政等部门应当向经审核确认的居民住房恢复重建补助对象发放补助资金和物资,住房城乡建设等部门应当为受灾人员重建或者修缮因灾损毁的居民住房提供必要的技术支持。

55. 灾害救助有哪些形式?

由于灾害的复杂性及造成损失的不确定性,救助的形式必须是多种多样的,采取综合的救灾形式,基本可以归纳为以下几种形式:

(1)国家灾害救助。这是灾害救助的主要形式,因为灾害发生的不确定性、灾害后果的严重性等,决定了只有国家才能整合大量的社会资源进行及时救助。中央政府一直设有专项救灾款目。

随着经济体制的转变,我国的国家救灾体制也发生了相应变化:

①财政分级负责。这是与国家财政体制改革和分税制相配套的制度,这一制度要求地方政府在财政预算中必须设立专项救灾拨款科目。

②救灾分级管理。救灾分级管理的前提是准确划分灾害等级,用以明确中央政府和地方各级政府应当承担的教灾责任。灾害一般划分为

特大灾、大灾、重灾和小灾等。

③救灾经费包干。这是针对甘肃、宁夏、贵州、青海、西藏、新疆等六省区的救灾经费而言的，在经过科学合理的测算之后，中央给其划拨一定量的救灾款，一般不再追加拨款。

④中央经费无偿救助与有偿使用并存，其目的是救灾与扶贫相结合。无偿救助的资金用来紧急抢救灾民，保证其最低生活；有偿使用的资金主要用于灾民灾后恢复生产等。

（2）救灾保险制度。救灾保险制度是指由政府负责组织，以各级财政和社会化集资作为物质基础，保障灾民基本生活和恢复其简单再生产的一种灾害保障形式。

（3）互助互济。这是对传统救灾体制的财力机制进行改革的重要内容，即由以前中央财政单一供款模式发展到了资金来源社会化的模式，其主要形式是救灾互助储金会、储粮会。这是在农村居民之间自发组织的主动应对灾害的一种形式，以民办、民管、民用为主要特征，鼓励灾民之间及相关民众的互帮互助。

（4）生产自救。生产自救历来是我国救灾工作的重要内容。新中国成立初期，救灾工作的方针是"生产自救，节约度荒，群众互助，以工代赈并辅之以必要的救济"；农村公社化以后，由于存在农村集体经济体制，救灾工作方针是"依靠群众，依靠集体，生产自救，辅之以国家必要的救济"。可见，新中国成立初期我国救灾工作的指导思想是首先强调生产自救，同时加以群众互助和国家救助，这是由我国人口众多、灾害频发、生产力水平不高等具体国情所决定的。

我国的救灾及灾后恢复重建工作实行"政府统一领导、部门分工负责、地方分级管理"的方式。具体来说，民政部门从总体上负责灾害救助协调领导工作，具体负责救灾物资调拨与捐赠的管理工作，并与商务部门配合保障救灾物资的供应;卫生部门主要负责现场防疫、紧急医疗救援,组织专业力量进行心理危机干预、现场流行病学调查、病理学检测、以及病因和危险因素分析等;水务、市政、公路、铁路、供电、供气、供水、房屋、人防、地铁、跨河管线等灾毁工程则由相应的主管部门负责组织修复和重建;发改委,财政部门负责安排修复灾毁工程、设施、设备、重建家园等计划及所需资金;法制部门负责自然灾害处置过程中的司法问题和提供法律援助。党委宣传部门要做好相关的舆论宣传和新闻报道工作,组织部门应牵头监察、人事、审计等部门,以有效的方式开展恢复重建工作的行政效能监察等工作;强调地方灾害管理主体责任的落实,受灾地区政府应对受灾人员进行过渡性安置,并组织重建或者修缮损毁的居民住房;在受灾的当年冬季和次年春季,受灾地区人民政府应当为受灾人员提供基本生活救助。

知识链接

灾情发生后,民政及相关政府部门要组织进行查灾工作,及时掌握情况并及时向上级政府报告,对灾害损失及灾民生活困难情况进行专家评估,为灾区恢复重建和灾民生活救助提供决策依据。

查灾就是如实核定灾情。核定灾情可视情况采用如下不同方式:①全面核定。灾害发生后,组织人力对灾害造成的各方面损失情况进行全面核定。②抽样核定。在受灾的总体中随机选取部分进行核查,根据核查结果推断全面灾情。③典型核定。在受灾的总体中选取有代表性的部分或重灾地区进行核查,根据核查结果推断全面灾情。④专项核定。对某项损失情况进行专题调查,使灾情核定得更全面。灾情统计、核定、报告必须实事求是、及时准确。

报灾就是向上级政府部门及时报告统计的受灾情况。报告内容主要包括综合情况、农牧业损失情况、工作数据等项;统计指标主要包括灾害种类及发生时间、地点、台风编号、地震震中经纬度、受淹县城、受灾人口、成灾人口、被困人口、转移安置人口、无家可归人口、饮水困难人口、因灾死亡人口、因灾伤病人口、倒塌房屋、损坏房屋、损失粮食、因灾造成的直接经济损失等。

国家对重大自然灾害灾情报告的时间、内容作出明确的规定。要求各地在重大自然灾害发生后的第一时间上报灾情，在灾情稳定前执行“零报告制度”。

在每次救灾工作结束后，各级政府及相关部门都要对救灾工作作出认真总结，总结灾害发生的原因、损失情况、救灾措施等，积累经验，寻找差距，为预防灾害和灾害救助工作提供科学有效的新思路、新方法。

56. 如何筹集与管理救灾资金？

我国灾害救助资金来源于以下两个方面：

(1)政府财政专项救助拨款由中央政府和地方各级政府筹措。

①中央政府拨款由民政部组织协调发展改革委、财政部等部门，根据国家发展计划和《中华人民共和国预算法》规定，安排中央救灾资金预算。按照财政专项救灾资金补助数额与灾害程度相一致原则，及时拨付到位、专款专用。

②地方各级政府设立的救灾预备金。各地财政部门在年初编制预算时，要根据上年灾情和救灾资金需求编制相应的自然灾害救济事业费预算，划拨给同级民政部门，专户存储，由民政部门掌握，根据实际情况使用。执行中要根据灾情程度进行调整，不得虚列或列而不支。各地民

政部门要认真核实灾情,实事求是地提出自然灾害救济事业费支出计划,为财政部门安排救灾款预算提供翔实可靠的依据。地方各级财政、民政部门应根据本地区经济发展水平和财力可能,确定对受灾群众的救助项目和补助标准,保障受灾群众的基本生活。

(2)社会捐赠由企业、社会组织及个人捐赠构成。社会捐赠一般是发生较严重的灾害后,由政府部门或社会团体有组织地向海内外各界募捐资金,并负责管理和分配使用。捐赠物包括现金、物资和技术服务等。国内捐赠包括:企业事业单位等法人组织,社会团体、自然人等的自愿捐赠。海外捐赠可以分为以下几类:①别国政府或国际组织提供的捐款;②国外企业、民间组织和个人的捐赠;③港、澳、台同胞的捐赠;④旅居海外华侨的捐赠。

知识链接

为了能够筹集到充足的灾害救助资金,并科学管理和分配使用它们,应遵循以下原则:

(1)分级筹集,分级管理。从中央到地方政府都制定专门的救灾资金筹集和管理办法,以地方为主,建立并完善中央和地方救灾资金分担机制。

(2)专款专用,重点使用。专款专用是指救灾资金和社会救济资金,必须用于救灾及与救灾直接相关的支出项目上;重点使用原则是指要把救灾资金和社会救济资金重点解决特重、特困灾民和特困户的生活困难,不能平均分配。

(3)公平公正,公开透明。受灾地区人民政府民政、财政等部门和有关社会组织应当通过报刊、广播、电视、互联网,主动向社会公开所接受的自然灾害救助款物和捐赠款物的来源、数量及其使用情况。受灾地区村民委员会、居民委员会应当公布救助对象及其接受救助款物数额和使用情况。

(4)强化监督,注重实效。各级人民政府应当建立健全监督检查制度,及时受理投诉和举报,县级以上人民政府监察机关、审计机关应当依法对自然灾害救助款物和捐赠款物的管理使用情况进行监督检查,保证救灾资金合理使用,提高救灾资金的使用效率。

57. 如何使用救灾资金?

救灾资金的使用关系到灾区人民群众切身利益。救灾资金使用是救灾的中心环节,直接关系到救灾成效大小及救灾目的的实现程度。救灾资金必须严格遵循专款专用、重点使用的原则,合理安排使用。我国《自然灾害救助条例》《自然灾害生活救助资金管理暂行办法》等法规制度明确规定了救灾资金使用的范围。其使用范围如下:

(1)解决灾民无力克服的衣、食、住、医等生活困难;紧急抢救、转移和安置灾民。

(2)遇难人员家属抚慰,用于向因灾死亡人员家属发放抚慰金。

(3)过渡性生活救助,用于帮助"因灾房屋倒塌或严重损坏无房可住、无生活来源、无自救能力"的受灾群众,解决灾后过渡期间的基本生活困难。

(4)用于解决灾民紧急转移安置过程中产生的费用。特别是地震、洪水、山体滑坡、沙尘暴等破坏力极大的自然灾害,容易造成群众房屋倒塌、损坏,甚至危及居民生命危险。居民被困、一些尚处于危险之中的居住区需要搬迁等现象时有发生。这种紧急抢救和转移安置急需使用的资金，是救灾资金必须支出的部分。

(5)用于加工、储运救灾物资的必要费用。灾害救助中所急需的大量物资，包括食物、药品、帐篷、衣物等，在加工、储存及调运的过程中产生的费用。

(6)部分的灾后恢复重建资金。重点是对灾民倒房恢复重建和危房修缮给予补助。

(7)冬春临时生活困难救助，用于帮助受灾群众解决冬令(12 月至下年 2 月底)、春荒(3 月至 5 月、一季作物区为 3 月至 7 月)期间的口粮、衣被、取暖等基本生活困难。

(8)必要的管理费用。用于救灾机构建设、救灾人员配备等方面的费用。

救灾资金分配使用应重点倾向于重灾区和重灾户，特别要保障自救能力较差灾民的基本生活。灾款使用不得平均分配，不得截留，挪用，不得擅自扩大使用范围。

知识链接

贪污救灾资金是十分严重的违纪违法行为。中央纪委监察部指出，要防止抗震救灾资金物资管理使用过程中出现违纪违法行为，切实加强对抗震救灾拨付资金、捐助款物管理使用情况的监督检查，确保及时发放到灾区和受灾群众手中。

对贯彻落实中央决策部署行动迟缓、措施不力、造成严重后果的，对敷衍塞责、玩忽职守、失职渎职、临危退缩的，要坚决按照党纪政纪严肃处理；对贪污私分、虚报冒领、截留克扣、挤占挪用抗震救灾资金物资的，要快查严办重处，发现一起就迅即严厉查处一起，以严明的纪律保证抗震救灾工作科学、有序、统一进行。

58. 如何调拨使用救灾物资？

按照《中央级救灾储备物资管理办法》，当灾情发生时，受灾省份优先动用本省储备物资。在本省储备物资全部使用仍然不足的情况下，可申请使用中央级救灾储备物资。申请使用中央级救灾储备物资应由省级人民政府民政部门与同级财政部门协商同意后，向民政部提出书面申请。书面申请的内容包括：自然灾害发生时间、地点、种类、转移安置人数、无家可归人口数量；需要的救灾物资种类、数量；本省救灾储备物资总量，已动用本省救灾储备物资数量；申请中央救灾储备物资数量等。根据受灾省的书面申请，结合特大自然灾害救济补助费的安排情况，民政部统筹确定调拨方案，向使用救灾物资的受灾省人民政府民政部门、代储单位发出调拨通知，并抄送财政部和有关省级财政部门。紧急情况下，经报民政部批准，可在受灾省申请的同时，使用中央级救灾储备物资。代储单位接到民政部调拨通知后，应在 48 小时内完成储备物资发运工作，代垫长途运输费用。使用储备物资的受灾省要按照民政部调拨通知要求，对代储单位发来的救灾储备物资进行清点和验收，及时向代储单位反馈，若发生数量或质量等问题，要及时协调处理并将有关情况向民政部报告。

调拨使用的救灾物资所有权归省级人民政府，作为省级救灾储备物资由省级人民政府民政部门会同财政部门管理，省级财政部门承担相应的管理经费。发放使用救灾物资时，应做到账目清楚、手续完备，并以适当方式向社会公布。省级人民政府民政部门对地（县）级人民政府民政部门、地（县）级人民政府民政部门对使用者要进行必要的技术指导，教育使用者爱护救灾物资。县级以上人民政府民政部门应当会同财政、监察、审计等部门及时对救灾物资的发放使用情况进行监督检查。

知识链接

为了提高救灾物资的使用效率，防止救灾物资的浪费，救灾物资使用结束后，对可回收重复使用的救灾储备物资由地方民政部门负责回收、清洗、消毒和整理。可回收重复利用的救灾物资主要分为以下几类：

①生活类物资，包括帐篷、活动板房、移动厕所、净水设备、照明设备等。

②救援类物资，包括挖掘机、运输车、装载机、吊车、拖车、推土机等大型机械设备和运输工具，以及铁锹、镐、撬棍、千斤顶等小型救援工具等。

③医疗类物资，包括常用医疗器械、高值医疗器械、监测器械、消毒器械，以及救护车和药品等。

④通信类物资，包括应急通信设备和卫星电话等。

⑤供电类物资，包括大型发电车和发电机等。

⑥其他物资。回收工作完成后，省级人民政府民政部门应会同财政部门及时将救灾储备物资的使用、回收、损坏、报废情况以及储存地点和受益人(次)数报民政部和财政部，民政部和财政部继续予以跟踪考核。

第五章 住房救助与教育救助

59. 什么是住房救助?

住房社会救助,是指政府出台相应的社会经济政策,向中低收入家庭和其他住房困难的家庭提供住房现金补贴或直接提供限定标准、限定价格或租金的住房救助项目。住房救助的实质是由政府承担住房市场费用与部分低收入社会成员支付能力之间的差额,解决的是低收入阶层的基本住房需求。

住房社会救助的对象是无力进入市场购房或租房的中低收入家庭和住房困难家庭。其范围主要包括以下两个方面:一是住房达不到社会最低生活标准的、有困难(无法满足其基本生活需求)的居民家庭;二是依靠自己的力量无法自主解决目前住房弱势状况,未来的住房意愿也难以通过自身发展或房屋市场调整得以实现的居民家庭。

由于各国的具体情况不同,住房社会救助也表现出不同的特色,形成了不同的住房救助管理模式。根据政府在住房政策中的不同角色,保障覆盖模式可以分为特惠模式和普惠模式两种。特惠模式的特征是政府只对少数家庭给予特别资助,将保障性住房的供给作为对住房商品市场的补充。普惠模式的特征是政府对保障性住房给予大量财政支持,对大部分家庭的住房消费给予资助。

知识链接

根据保障方式和环节的不同,可以分为供给导向型的公共住房政策和需求导向型的公共住房政策。供给导向型的公共住房政策(又称“补砖头”)是国家采取直接供给住房的方式,通过增加住房数量,改变供应结构以降低住房价格,主要的政府行为包括公共建房计划,鼓励资助私人建房、修建和运营公共租房等。需求导向型的公共住房政策(也可称为“补人头”)是国家采取间接发放货币补贴的形式,即向居民提供住房消费的补贴以保证低收入阶层也能拥有社会最低限度的住房居住水平,所应用的公共住房金融工具主要包括向居民直接提供的各种补助和补贴,包括低息贷款、贷款利息抵税,以及直接向居民发放住房津贴。

60. 住房救助的特征有哪些?

住房救助作为一种专项救助制度,具有如下特征:

(1)救助对象的针对性。住房社会救助是专门针对中低收入家庭(低收入群体和住房困难户),为解决他们的住房问题而设置的。除本人申请外,需通过政府部门的调查核实收入状况和住房状况,并经公示确认后才能享受相关的优惠和补贴。

(2)救助范围的狭窄性。住房社会救助只是针对少数无经济能力解决住房问题的个人与家庭提供相应的救济和补助,满足其基本住房需求。它同实物福利分房有根本区别。

(3)救助时间的动态性。住房社会救助的享受对象随着工资、家庭就业人口、就业状况等情况的变化随时会发生变动。如果被救助者经济条件好转，超过了救助标准线，救助就应及时停止；反之，则要增加。对有些如失业、疾病或天灾等造成个人和家庭因经济条件明显下降至一定程度而属于补贴对象时，政府和有关部门应及时加以救助。这样才能体现出社会的公平和公正，真正保障无力购房者有房可住。

（4）救助效应的社会性。住房社会救助是国家再分配的一种表现，是国家稳定房价、稳定住房市场秩序，反映国家社会政策公允性和国家实施宏观调控，促进社会和谐的一种有效手段。

知识链接

我国住房救助的主要形式如下：

（1）从供给角度看，我国的住房救助的主要形式有经济适用住房，廉租住房和公共租赁住房。

（2）从需求角度来看，我国住房救助的形式主要包括住房公积金制度和住房补贴制度。

61. 住房救助的意义是什么？

（1）满足低收入群体的住房需求，保障低收入群体的居住权益。一般意义上的住房保障体系偏向中低收入困难家庭，满足人们的基本需求，实现“住者有其居”。住房保障即意味着政府要对那些在住房市场竞争中处于极端不利地位的群体实行“托底”和倾斜性扶持，保证收入最低、条件最困难的居民在准市场的住房供应中能享受到基本的住房条件。保障性住房对于改善民生、促进社会和谐稳定具有重要意义。

(2)在住房层面上反映国家社会政策的公允性。保障性住房是由政府对不能通过市场解决住房问题的人群进行相关政策、资金扶持,为中低收入群体提供居住场所,是国家再分配的一种表现,反映了国家社会政策的公允性。实行住房保障不仅仅是为了保护社会低收入阶层的利益,也是促进社会公平、和谐发展的需要。

(3)完善国家对住房市场的宏观调控,稳定住房市场秩序。保障性住房相关政策的实行可以稳定房价,稳定住房市场秩序,是国家对住房市场进行宏观调控的一种有效手段。大力发展保障性住房,一方面可以以较低的社会成本较快地实现人人“住有所居”,另一方面通过提供安定的租赁住房或低于市场价格的住房,有利于扭转住房市场的投机炒作风气,还原住房消费本质,形成住房首先是用来居住的观念,继而促进形成健康的、多元化和可持续发展的住房市场,并由此促进金融与国民经济的稳定。

此外,加快建设保障性安居工程,不仅对相关产业具有很强的带动效应,而且能够改善城乡居民消费环境和条件,扩大城乡居民特别是低收入居民消费,促进我国国民经济健康、持续、稳定发展。

知识链接

政府是社会住房救助的主要力量,但是政府并没有很强的动力主动提供廉租房这类公共物品,以防造成效率低下和寻租的问题。公民社会参与越来越多、越来越重要的公共事务是一种趋势,公民社会是介于政府与企业的“第三部门”,包括非政府组织(NGO)、非营利组织(NPO)、社区组织等。随着全球化和政治民主化以及我国市场经济的发展,公民社会逐渐崛起,并参与更多的社会管理活动与公共事务,从而形成与政府合作管理的局面，这就必然要求在社会住房救助领域实现政府与公民社会的合作，从而提高住房救助水平，增进公共利益，让更多的贫困和特殊群体安居乐业。

而具有非营利性、自愿性、自治性、民主性等特征的公民社会也确实具有政府和市场都不具有的独特优势。主要优势如下：

(1)慈善组织参与住房救助能够很好地吸纳民间资本，补充政府资金的不足，提供更多的廉租房，满足低收入群体差异化的需求，扩大救助对象的范围，把"夹心层"和务工的流动人口纳入保障范围内。而且一些针对老弱病残这类特殊群体和贫困人口的慈善组织，如中国残疾人联合会，中国扶贫基金会等，参与提供住房救助具有专业优势。

(2)规范独立的中介组织能够为救助对象提供相关廉租房的信息，有利于建设有效的房源信息交流机制，降低廉租住户的市场交易成本。

(3)公民社会具有优势的根本原因在于它受到了"非分配约束"。也就是说，非营利组织不能把获得的净收入分配给组织成员、管理成员和理事等。组织内的成员是怀着一颗志愿的心，肩负着扶贫救济的使命进行服务的，大大减少了权钱交易和以权谋私的机会，使相关资源，能得到最大程度的合理使用。

62. 什么是经济适用住房？

经济适用住房是政府以划拨方式提供土地，免收城市基础设施配套费等各种行政事业性收费和政府性基金，实行税收优惠政策，以政府指导价出售给有一定支付能力的低收入住房困难家庭的具有保障性质的政策性住房。这类低收入家庭有一定的支付能力或者有预期的支付能力,购房人拥有有限产权。经济适用房具有经济性和适用性双重特点。经济性是指政府提供政策优惠,限定套型面积,住宅价格相对于市场价格比较适中,能够适应中低收入家庭的承受能力;适用性是指在住房设计及其建筑标准上强调住房的使用效果,而非建筑标准。

知识链接

经济适用住房购房人拥有有限产权。购买经济适用住房不满5年,不得直接上市交易,购房人因特殊原因确需转让经济适用住房的,由政府按照原价格并考虑折旧和物价水平等因素进行回购。购买经济适用住房满5年,购房人上市转让经济适用住房的,应按照届时同地段普通商品住房与经济适用住房差价的一定比例向政府交纳土地收益等相关价款,具体交纳比例由市、县人民政府确定,政府可优先回购;购房人也可以按照政府所定的标准向政府交纳土地收益等相关价款后,取得完全产权。已经购买经济适用住房的家庭又购买其他住房的,原经济适用住房由政府按规定及合同约定回购。政府回购的经济适用住房,仍应用于解决低收入家庭的住房困难。已参加福利分房的家庭在退回所分房屋前不得购买经济适用住房,已购买经济适用住房的家庭不得再购买经济适用住房。个人购买的经济适用住房在取得完全产权以前不得用于出租经营。

63. 经济适用住房的保障对象和申请条件有哪些?

(1)保障对象。经济适用住房的保障对象是城市低收入住房困难家庭,具体是指城市和县人民政府所在地镇的范围内,家庭收入、住房状况等符合市、县人民政府规定条件的低收入住房困难家庭。经济适用住房供应对象的家庭收入标准和住房困难标准,由市、县人民政府根据当地商品住房价格、居民家庭可支配收入、居住水平和家庭人口结构等因素确定,实行动态管理,每年向社会公布一次。

(2)申请条件。城市低收入家庭申请购买经济适用住房应同时符合下列条件:具有当地城镇户口;家庭收入符合市、县人民政府划定的低收入家庭收入标准;无房或现住房面积低于市、县人民政府规定的住房困难标准。资格申请采取街道办事处(镇人民政府)、市(区)、县人民政府逐级审核并公示的方式认定。

知识链接

住房问题一直是社会和民众最为关心的话题之一,随着改革的深入,各种福利性住房救助措施的出台,我国人均居住面积已经逐步提高。

国家统计局发布的《建筑业持续快速发展 城乡面貌显著改善——新中国成立70周年经济社会发展成就系列报告之十》中指出,2018年城镇居民人均住房建筑面积39平方米,比1978年增加32.3平方米;农村居民人均住房建筑面积47.3平方米,比1978年增加39.2平方米。另据最新统计,2020年中国城镇人均住房面积达40平方米,总量344亿平方米。

从数据来看,经过四十余年发展,我国城镇人均面积激增482%,人民生活大大改善。

64. 经济适用住房有哪些政策优惠?

建设用地以划拨方式供应,建设项目免收城市基础设施配套费等各种行政事业性收费和政府性基金。经济适用住房项目外基础设施建设费用,由政府负担。经济适用住房建设单位可以以在建项目作抵押向商业银行申请住房开发贷款。购买经济适用住房可提取个人住房公积金和优先办理住房公积金贷款。

知识链接

建设按照政府组织协调、市场运作的原则,可以采取项目法人招标的方式,选择具有相应资质和良好社会责任的房地产开发企业实施;也可以由市、县人民政府确定的经济适用住房管理实施机构直接组织建设。单套的建筑面积控制在60平方米左右,规划设计和建设必须按照发展节能省地环保型住宅的要求,严格执行《住宅建筑规范》等国家有关住房建设的强制性标准。经济适用住房的施工和监理,应当采取招标方式。住房的价格应当以保本微利为原则。销售应当实行明码标价,销售价格不得高于基准价格及上浮幅度,不得在标价之外收取任何未予标明的费用。

65. 经济适用房政策为什么要取消?

近年来,经济适用房的运行出现了很多乱象,因此一些省市停止经济适用房的市场供应,国家相关部委已经明确提出“经济适用房供应将逐步减少直至在全国全部取消”。

究其原因,经济适用房存在以下问题:

(1)真正需要住房的中低收入家庭需求不能满足。政府开发建设经济适用房,是为了中低收入者能够买得起、住得上。但是,在经济适用房的销售中,部分高收入者却进入了购房者行列。

(2)房屋面积失控。按照《经济适用住房管理办法》规定,经济适用住房要严格控制在中小套型,中套住房面积控制在80平方米左右,小套住房控制在60平方米左右。然而自经济适用房开发以来,140平方米的户型却很普遍,个别项目的复式户型面积达到260平方米。造成这一现象的原因是由于经济适用房的开发建设在配套政策、管理制度上还不是很完善。户型过大,豪华而不适用的大面积住房使一般工薪阶层望“房”兴叹。

(3)房屋质量偏低。经济适用房的房源一般有两个:新建与由积压商品房转化为经济适用房。新建的经济适用房虽然政府给予房地产开发商一定的财政补贴,但由于补贴是隐性的,使得一些房地产开发商的积极性不高,影响了经济适用房建设的质量。房龄不过几年,就出现诸如墙体脱落、外表破旧等问题。同时,为了处置积压房,并加快经济适用房的建设,很多地区都实行了将积压商品房转化为经济适用房的政策,但也大都存在工程质量低的问题。

(4)寻租腐败滋生。经济适用房价格虽然比一般商品房低,但是在政府优惠政策下，仍然存在很大的利润空间。资源是有限的，在利益的驱使之下房地产开发商必然会对相关官员有所“表示”。然而经济适用房供给有限，这时“关系”就显得十分重要了。政府官员掌握着分配大权，在同等条件的需求下，必然是“关系”优先，当行贿的成本低于两种渠道的差价，行贿就不可避免。在房地产市场还不健全，政府官员手中掌握着资源分配权利的现实下，寻租腐败是难以杜绝的。

知识链接

针对目前我国经济适用房开发与建设过程中存在的上述问题，相关部门和有识之士提出以下改进建议：

(1)对经济适用房作出相应的调整。若停止经济适用房的供应，那么一些家庭可能就会失去购买住房的能力。除非有更好的政策替代经济适用房，不然就应该对经济适用房作一些较大的调整。首先，保证经济适用房的透明，让公众来监督经济适用房的建设、分配等，以防止暗箱操作，从而保证经济适用房能真正解决中低收入者的住房问题。其次，降低经济适用房的舒适度，在不影响正常生活的前提下，适当地降低经济适用房的面积，以避免经济适用房落入不适当的人手中。最后，加大经济适用房的建设力度，以缓解经济适用房供不应求的局面。

(2)加大公共租赁房的建设。经济适用房的作用是有限的，仅保障了具有当地户口的少部分中低收入家庭的住房需求。因此，国家可以加大力度建设公共租赁租房，以便更好地解决城市中等偏低收入家庭及新就业职工、外来务工人员等群体阶段性住房困难问题。同时，可以考虑打破户籍限制，将公租房覆盖面扩大到有基本稳定工作的城市常住人口。

66. 什么是廉租住房?

廉租住房是政府或机构拥有,用政府核定的低租金租赁给城镇最低收入家庭的普通住房。最低收入家庭对廉租住房没有产权,廉租住房只租不售。在房价疯涨、百姓居住难的背景下,廉租住房便成为了最低收入家庭住房的救命稻草。廉租住房不同于商品住房和经济适用住房。商品住房提供给高收入者,利润水平由市场决定,国家不直接干预商品住房的生产、分配、交换以及消费,房地产开发企业以获得经济效益为主要目的。经济适用住房面向广大中低收入阶层,在土地使用权的取得、税费等方面享受国家优惠,在房价中除了可计入1%~3%的管理费外,还可计入3%的利润。廉租住房提供给城镇最低收入家庭,开发建设追求的不是经济效益而是社会效益,国家无偿划拨土地,税费大幅度减免,目的是为了降低廉租住房的开发建设成本。

知识链接

已领取租赁住房补贴或者配租廉租住房的城市低收入住房困难家庭,应当按年度向所在地街道办事处或者镇人民政府如实申报家庭人口、收入及住房等变动情况。建设(住房保障)主管部门应当根据城市低收入住房困难家庭人口、收入、住房等变化情况,调整租赁住房补贴额度或实物配租面积、租金等。

城市低收入住房困难家庭不得将所承租的廉租住房转借、转租或者改变用途。城市低收入住房困难家庭违反前款规定或者有下列行为之一的,应当按照合同约定退回廉租住房:无正当理由连续6个月以上未在所承租的廉租住房居住的;无正当理由累计6个月以上未交纳廉租住房租金的。城市低收入住房困难家庭未按照合同约定退回廉租住房的，建设住房保障主管部门应当责令其限期退回；逾期未退回的，可以按照合同约定，采取调整租金等方式处理。

67. 廉租住房的保障对象和申请条件有哪些？

（1）保障对象

根据我国《廉租住房保障办法》的规定，我国廉租住房的保障对象是城市低收入住房困难家庭，即城市和县人民政府所在地的镇范围内，家庭收入、住房状况等符合市、县人民政府规定条件的家庭，可以申请廉租住房。

（2）申请条件

①申请人具有5年以上当地城市常住户口。

②申请人必须是当地民政部门认定的低收入家庭或最低收入家庭。

③申请人家庭人均住房建筑面积在15平方米以下且家庭住房总建筑面积在50平方米以下。

④申请人家庭成员之间有法定的赡养、扶养或抚养关系，并一起共同生活的。

⑤申请人及其家庭成员经当地房管部门确认他处没有住房的。

知识链接

不得申请廉租住房的情形如下：

（1）单身（含离异）申请人未满35周岁。但经民政部门认定的社会救济、社会救助的孤儿除外。

(2)离婚不足2年的。

(3)在5年之内有住房转让行为且转让住房的建筑面积超过廉租住房保障面积标准的,不纳入保障范围,但申请家庭成员中直系亲属因患重大疾病转让住房并提供有关证明的除外。

(4)户口所挂靠的地址不存在或不是居住房屋的。

(5)拥有轿车或经营性机动车的。

(6)兴建、购买商业用房或高标准装修现有住房的。

(7)出资安排子女出国留学或就读高收费学校的。

(8)住房保障主管部门规定的其他不得申报的情况。

68.廉租住房的保障方式和资金来源有哪些?

(1)保障方式:实行货币补贴和实物配租等方式相结合。货币补贴是指县级以上地方人民政府向申请廉租住房保障的城市低收入住房困难家庭发放租赁住房补贴,由其自行承租住房。实物配租是指县级以上地方人民政府向申请廉租住房保障的城市低收入住房困难家庭提供住房,并按照规定标准收取租金。实施廉租住房保障,主要通过发放租赁补贴,增强城市低收入住房困难家庭承租住房的能力。采取货币补贴方式的,补贴额度按照城市低收入住房困难家庭现住房面积与保障面积标准的差额、每平方米租赁住房补贴标准确定。采取实物配租方式的,配租面积为城市低收入住房困难家庭现住房面积与保障面积标准的差额。

(2)资金来源:廉租住房保障资金采取多种渠道筹措。其资金来源包括:年度财政预算安排的廉租住房保障资金;提取贷款风险准备金和管理费用后的住房公积金增值收益余额;土地出让净收益中安排的廉租住房保障资金;政府的廉租住房租金收入;社会捐赠及其他方式筹集的资金。

知识链接

加大政府主动介入力度,变需求保障为供应保障。

政府加强廉租房保障的途径简单说来有两种,即对需求方进行保障,或对供应方进行保障。对需求方进行保障就是对政府确定的廉租房保障对象发放补贴,但其有效前提应是有充沛的可租房源,否则在房源供应不足的情况下,会引发房价和租金的上涨,甚至会导致政府不得不再次调高补贴标准。因此,在当前房地产刚性需求日益加大的情况下,各地普遍采取保障供应的政府介入方式。在对供应方进行保障供应上,主要是以实物配租为主。政府有两种方式可供选择。其一是政府直接组建保障性建设公司,以住宅生产者的身份直接从事廉租房生产,按特定的价格出租给保障对象。此方式能快速有效地将政府政策落实,并直接干预整个房地产市场的供需情况。其二是在本级财政较为紧张的情况下,政府可有选择地吸纳社会资金进入廉租房建设领域。政府可制定政策为发展商提供补贴,由发展商为特殊主体提供廉租房源,政府在建设阶段和其后的经营阶段为发展商提供税收和相关规定的费用减免,在微利的条件下倡导企业的社会责任。

69. 廉租住房有哪些优惠政策?

廉租住房建设用地,应当在土地供应计划中优先安排,并在申报年度用地指标时单独列出,采取划拨方式,保证供应。廉租住房建设免征行政事业性收费和政府性基金。鼓励社会捐赠住房作为廉租住房房源或捐赠用于廉租住房的资金。政府或经政府认定的单位新建、购买、改建住房作为廉租住房,社会捐赠廉租住房房源、资金,按照国家规定的有关税收政策执行。

知识链接

廉租房属于保障性住房,是政府通过租赁方式面向城镇中符合条件的居民出租的一种形式。申请廉租房的居民必须是符合要求的具有住房困难的低收入家庭。在我国,廉租房只租赁给住房困难的低收入家庭。廉租房是我国政府改善低收入家庭住房困难的保障性住房,用以改善低收入家庭的居住条件,有社会公共福利和住房社会保障性质。需要注意的是,我国的廉租房只租不售。其来源主要是腾退的旧公房等。廉租房一般有两种表现形式,一是由政府出资建好后,低租金给住房困难户;二是由政府发放租金补贴给住房困难户,由其租赁社会房屋居住。廉租房对于改善我国民生、促进社会和谐、稳定社会发展具有积极的推动作用。

70. 什么是公共租赁住房?

公共租赁住房,是指由国家提供政策支持、限定建设标准和租金水平,面向符合规定条件的城镇中等偏下收入住房困难家庭、新就业无房职工和在城镇稳定就业的外来务工人员出租的保障性住房。其目的是解决家庭收入高于享受廉租房标准而又无力购买经济适用房的低收入家庭,新就业无房职工和在城镇稳定就业的外来务工人员的住房困难。公共租赁住房通过新建、改建、收购、长期租赁等多种方式筹集,可以由政府投资,也可以由政府提供政策支持、社会力量投资。公共租赁住房可以是成套住房,也可以是宿舍型住房。

知识链接

承租人有下列行为之一的,应退回公共租赁住房:转借、转租或者擅自调换所承租公共租赁住房的;改变所承租公共租赁住房用途的;破坏或者擅自装修所承租公共租赁住房,拒不恢复原状的;在公共租赁住房内从事违法活动的;无正当理由连续6个月以上闲置公共租赁住房的。承租人拒不退回的,市、县级人民政府住房保障主管部门应当责令其限期退回;逾期不退回的,市、县级人民政府住房保障主管部门可依法申请人民法院强制执行。租赁期届满需续租的,承租人应在租赁期满3个月前向市、县级人民政府住房保障主管部门提出申请。未按规定提出续租申请的,租赁期满应当腾退公共租赁住房;拒不腾退的,公共租赁住房所有权人或其委托的运营单位可向人民法院提起诉讼,要求腾退。

71.公共租赁住房的保障对象和申请条件有哪些?

(1)保障对象:公共租赁住房供应对象主要是城市中等偏下收入住房困难家庭,新就业无房职工和在城镇稳定就业的外来务工人员。已享受廉租住房实物配租和经济适用住房政策的家庭,不得承租公共租赁住房。

(2)申请条件:申请公共租赁住房,应当符合以下条件:在本地无住房或者住房面积低于规定标准;收入、财产低于规定标准;申请人为外来务工人员的,在本地稳定就业达到规定年限。需要注意的是,我国公共租赁住房的申请条件目前没有统一标准。具体条件由直辖市和市、县级人民政府住房保障主管部门根据本地区实际情况确定,报本级人民政府批准后实施并向社会公布。对在开发区和园区集中建设面向用工单位或者园区就业人员配租的公共租赁住房,用人单位可以代表本单位职工申请。

知识链接

国家之所以将发展公共租赁住房建设作为解决当前住房困难问题的政策选择,是因为公共租赁住房相较个人购买、廉租住房、经济适用房和个人出租等方式具有以下优势:

(1)公共租赁住房有利于引导公民"先租后买",合理住房消费。

(2)公共租赁住房有助于克服廉租住房和经济适用房的弊端。

(3)公共租赁住房有益于弥补个人出租住房的不足。

72. 公共租赁住房的轮候与配租怎样实行?

公共租赁住房采取轮候与配租制。轮候期一般不超过5年。配租对象与配租排期确定后应当予以公示。公示无异议或异议不成立的,配租对象按照配租排期选择公共租赁住房,另外,配租结果应当向社会公开。公共租赁住房租赁期限一般不超过5年。市、县级人民政府住房保障主管部门应当会同有关部门,按照略低于同地段住房市场租金水平的原则,确定本地区的公共租赁住房租金标准,报本级人民政府批准后实施。承租人应当根据合同约定,按时支付租金。承租人收入低于当地规定标准的,可以依照有关规定申请租赁补贴或者减免。因就业、子女就学等原因需要调换公共租赁住房的,经公共租赁住房所有权人或者其委托的运营单位同意,承租人之间可以互换所承租的公共租赁住房。

知识链接

从2014年起,各地廉租房建设计划调整并入公共租赁住房年度建设计划。2014年以前已列入廉租住房年度建设计划的在建项目可继续建设,建成后统一纳入公共租赁住房管理。公共租赁住房和廉租住房实行并轨政策。

为什么要实施两房并轨运行?廉租住房和公共租赁住房都是保障性住房的重要组成部分,两者在发挥重要作用的同时,其平行运行过程中也出现了以下问题:一是两者虽都属于租赁型保障房,但面向的群体不完全一样,申请人容易混淆;二是住房保障需求和供应是一个动态的过程,部分地方出现了保障房与保障对象不相匹配的情况;三是平行运行不利于两项制度间的政策衔接,给老百姓造成不必要的麻烦。

73. 公共租赁住房的使用规则有哪些?

住房所有权人及其委托的运营单位应负责公共租赁住房及其配套设施的维修养护,确保公共租赁住房的正常使用。政府投资的公共租赁住房维修养护费用主要通过公共租赁住房租金收入以及配套商业服务设施租金收入解决,不足部分由财政预算安排解决;社会力量投资建设的公共租赁住房维修养护费用由所有权人及其委托的运营单位承担。承租人不得擅自装修所承租公共租赁住房。确需装修的,应取得住房所有权人或其委托的运营单位同意。

知识链接

公共租赁住房制度的建设是一项复杂的系统工程,需要很多相关配套制度的支撑,我国的公共租赁住房制度在发展和使用中不可避免地还存在一些问题。

(1)建设资金不足

资金是公共租赁住房建设与发展的保证,一方面公共租赁住房房源筹集需要大量资金;另一方面,建成后的住房也需要大量的运营维护费用。因此,融资机制是影响公共租赁住房持久性与稳定性的关键因素。

(2)房源不足

随着我国城市化的不断发展,我国农村人口向各类城镇转移的人数越来越多,高校的毕业生也迅猛增加。政府所提供的公共租赁住房与符合公共租赁住房申请条件的“夹心层”、外来务工人员和新就业人员的数量却相去甚远。总体而言,在现阶段我国公共租赁住房还存在供不应求的局面,各地公共租赁住房轮候期较长。

(3)租金、租期设计不够科学合理

我国在公共租赁住房的租金设计上主要存在两个问题,一是租金水平不合理现象,有的地区规定的公共租赁住房的租金明显偏低;二是当前我国大部分城市租金采取“一刀切”的方法,未采用分级制。

74. 什么是住房公积金制度?

住房公积金制度是一种社会性、互助性、政策性的住房社会保障制度,职工和单位必须按职工工资的一定比例向职工的公积金账户存款,增加职工的住房资金积累。其社会救助性质体现了增强职工的自我保障能力,通过住房公积金若干年的积累,职工的住房购买能力将在很大程度上得到加强。公积金管理机构用归集的资金向公积金缴存者提供优惠利率贷款,有利于保障中低收入居民的基本住房需求。

知识链接

住房公积金具有如下特点:

(1)保障性:建立职工住房公积金制度,为职工较快、较好地解决住房问题提供了保障。

(2)互助性:建立住房公积金制度能够有效地建立和形成有房职工帮助无房职工的机制和渠道,而住房公积金在资金方面为无房职工提供了帮助,体现了职工住房公积金的互助性。

(3)长期性:每一个城镇在职职工自参加工作之日起至退休或者终止劳动关系的这一段时间内,都必须缴纳个人住房公积金;职工所在单位也应按规定为职工补助缴存住房公积金。

(4)普遍性:城镇在职职工,无论其工作单位性质如何、家庭收入高低、是否已有住房,都必须按照《住房公积金管理条例》的规定缴存住房公积金;

(5)强制性(政策性):单位不办理住房公积金缴存登记或者不为本单位职工办理住房公积金账户设立的,住房公积金的管理中心有权力责令限期办理,逾期不办理的,可以按《住房公积金管理条例》的有关条款进行处罚,并可申请人民法院强制执行。

(6)福利性:除职工缴存的住房公积金外,单位也要为职工交纳一定的金额,而且住房公积金贷款的利率低于商业性贷款。

(7)返还性:职工离休、退休,或完全丧失劳动能力并与单位终止劳动关系,户口迁出或出境定居等,缴存的住房公积金将返还职工个人。

75. 住房救助的法规与政策有哪些?

住房救助法规与政策在我国的社会经济改革进程中不断发展。为促进住房制度建设,逐步解决城市低收入家庭的住房困难,建设部等部委于2003年颁布实施了《城镇最低收入家庭廉租住房管理办法》。2013年,住房和城乡建设部、财政部、国家发展改革委颁布《关于公共租赁住房和廉租住房并轨运行的通知》。为了推动住房救助工作的有效开展,根据《国务院批转发展改革委关于2013年深化经济体制改革重点工作意见的通知》等文件精神,从2014年起,各地公共租赁住房和廉租住房并轨运行,并轨后统称为公共租赁住房。公共租赁住房和廉租住房并轨运行是完善住房保障制度体系,提高保障性住房资源配置效率的有效措施,是改善住房保障公共服务的重要途径,是维护社会公平正义的具体举措。新的住房救助政策更好地保障了城镇最低收入家庭的住房水平。

知识链接

我国住房救助制度在改善低收入家庭住房条件和促进经济增长方面起到了积极作用,但依然存在以下问题,大致可分为五个方面:

(1)保障性住房政策的顶层设计不完善,供需矛盾突出。

(2)地方政府的重视程度不够。

(3)住房公积金制度中存在不合理的现象。

(4)建设及管理亟待规范。

(5)法制不健全,得不到制度保障。

76. 什么是教育救助?

教育救助,是指国家和社会团体为保障适龄人口能获得接受教育的机会,从物质上对贫困地区和贫困学生在不同阶段提供援助的一种社会救助项目。

按照《社会救助暂行办法》,国家对在义务教育阶段就学的最低生活保障家庭成员、特困供养人员给予教育救助,在高中教育(含中等职业教育)、普通高等教育阶段就学的最低生活保障家庭成员、特困供养人员,以及不能入学接受义务教育的残疾儿童,根据实际情况给予适当帮助。

对教育特别是义务教育的投入有时候不像其他经济投资一样会带

来显现可观的经济效益，但它所产生的社会效益及人力资源却为一个国家和社会发展提供了最根本动力。贫困地区的经济落后决定了其教育的滞后，贫困家庭的经济困窘也同样限制了他们对子女教育的投入。为此，国家和社会有责任对这些地区和家庭给予经济上的援助，让他们也得到受教育的机会。

知识链接

教育救助的标准，由各省、自治区、直辖市人民政府根据经济社会发展水平和教育救助对象的基本学习、生活需求确定并公布。申请教育救助，应当按照国家有关规定向就读学校提出，按规定程序审核、确认后，由学校按照国家有关规定实施。

77. 教育救助的对象有哪些？

义务教育阶段救助的对象包括：城乡低保家庭的学生；国有企业特困职工家庭学生；烈士子女、孤儿；困难家庭残疾学生；社会福利机构监护的学生；残疾人特困家庭子女；没有经济来源的单亲家庭子女；因受灾、疾病等导致不能维持基本生活家庭的子女。

中等职业教育阶段教育救助的对象包括：经市（州）及以上教育行政部门或劳动保障行政部门注册、取得中等职业教育正式学籍的中等职业学校全日制在校一、二年级所有农村户籍的学生和县（含县级市、农业区）镇非农户口的学生以及城市家庭经济困难学生（含城市残疾学生）。

高等教育阶段教育救助的对象包括:城镇低保特困家庭以及无收入来源和能力支付首次入学费用的家庭子女;农村家庭人均年收入在贫困线以下以及无收入来源和能力支付首次入学费用的家庭子女;因天灾人祸,家庭丧失劳动能力,失去生活来源的学生;家庭困难的烈属子女;没有经济来源的孤儿;残疾人特困家庭子女。

知识链接

根据受助对象即受救助客体的不同,教育救助可分为三个层面。第一个层面是对贫困家庭子女的整体社会救助。这里包括对城镇贫困家庭子女及农村贫困家庭子女的教育援助。第二个层面是对贫困地区的整体社会救助。由于历史及自然等客观原因的存在,一些地区的经济发展相对落后,使得这些地区的适龄人口无法正常接受教育。同时,这些地区的教学场所、设备和师资往往都处于短缺的状态,因此对贫困地区的资金和物质上的资助也是教育救助要考虑的重要方面。第三个层面是对贫困落后国家的社会救助,即国际间的教育援助。从国际社会的角度来看,对发展中国家的教育援助,也是促使这些国家实现全民教育的重要手段之一。

78. 教育救助的主体是谁?

教育救助的主体主要有国家、社会团体和个人。国家是教育救助的主体,它通过财政拨款的方式,对贫困地区和贫困家庭子女就学提供特定补贴和资助,以帮助其完成学业。国家也可以通过制定相应政策,使这些弱势群体享有一定政策优惠。同时,随着经济的发展,社会团体和个人在教育救助上的作用也越来越明显。许多社会团体、慈善组织纷纷成立各种教育救助基金对贫困学生进行援助;投身慈善的个人通过捐建教学楼、设置奖学金等进行教育援助。

知识链接

各级民政、教育行政部门对城乡特殊困难未成年人教育救助工作的目标如下:

(1)对持有农村五保供养证和属于城市“三无”对象的未成年人,基本实现普通中小学免费教育。

(2)对持有城乡最低生活保障证和农村特困户救助证家庭的子女在义务教育阶段基本实现“两免一补”(免杂费、免书本费、补助寄宿生活费),高中教育阶段要提供必要的学习和生活补助。

79. 教育救助的特征有哪些?

(1)救助效应的间接性。教育救助的对象非常明确,其救助的是应当接受教育的适龄人口,包括接受初等教育和高等教育的学生。教育救助的间接性主要体现在两方面:一是教育救助往往不是直接对这些学生发放救助资金或物品,而是对这些困难学生的家庭进行补贴或学费减免。这主要表现在受助学生多是未成年人的初等教育的社会救助上。二是教育救助往往不是直接对困难学生或学生家庭发放救助资金,而是对他们进行间接上的经济援助,包括书杂费的减免、提供勤工俭学的机会以及提供贷款等。

(2)救助实施的连续性。通常情况下,教育救助不是一次就能完成的。学生受教育是一个持续的过程,少则几年,多则十几年。在这个过程中,学生通常是没有其他经济收入的,困难学生的家庭往往在短期内不能使经济状况有根本好转。因此,教育救助常常需要有一个持续的过程,即对困难学生的援助不是一次性的,而是分阶段(通常是以学期或学年为一次)对困难学生进行救助。

(3)救助形式的多样性。从不同阶段看,可以分为初等教育和高等教育的社会救助。初等教育的救助方式和高等教育的救助方式也是不尽相同的。从初等教育阶段来看,主要是对困难学生进行学杂费减免和助学补贴。对于高等教育来说,在对其进行助学金补助和学费适当减免的同时,更提供了助学贷款这一形式。从救助的不同程度来说,可以分为直接救助和间接救助。直接救助包括学费的直接减免和提供助学金等,间接救助则主要体现在高等教育救助中的提供勤工俭学机会及申请贷学金。

知识链接

免学杂费补助资金由中央财政和地方财政共同承担。中央和地方分担比例分别如下:西部地区8∶2,中部地区6∶4,东部地区除直辖市外,按照地方财力状况,分省确定中央和地方分担比例。东部地区未享受中央补助的省份,其免学杂费资金全部由地方财政承担。对贫困学生提供免费教科书资金,中西部地区由中央财政全额承担,东部地区由地方自行承担;对贫困寄宿学生的生活费补助,则由地方承担。

80. 教育救助的功能有哪些?

(1)具有很强的反贫困功能。根据人力资本理论,个人因为受教育程度低、工作能力差、就业经验不足等,往往会削弱其在劳动力市场的竞争力,造成其工作报酬偏低,个人及其家庭陷入贫困而依赖社会救助的可能性因此增高。教育救助可以增进家庭中个人的人力资本,以衍生较高的工作所得收入促进其脱离贫穷,走向经济自立,这也是降低贫困发生率、创造财富的最有效方法之一。

(2)促进教育公平和社会公平。教育公平是教育权利的平等,也是教育机会的均等。从受救助的学生角度看,数额有限的社会救助金,不仅给他们带来了物质援助,更重要的是为他们提供了奋发成才的机遇。教育能显著地改善人的生存状态,增进社会公平,因而被视为实现社会平等"最伟大的工具"。

(3)促进国民经济发展。一个国家的经济要发展,凭借的是这个国家劳动生产率的提高,而劳动生产率的提高又依赖于国民素质的提高。这里的国民不是指一部分社会精英,而是整个国家的公民,这里的素质也不仅仅是身体素质,它更是指包括技能在内的文化素质的提高。从某种意义上来说,教育救助的目的除了求得社会公平外,很大程度上也是为了追求效率,促进整个国民经济更快更平稳的发展。

知识链接

作为一个经济基础薄弱、教育发展的区域和层次高度不平衡的发展中大国,我国要提升其综合实力和国际竞争力,必须根据本民族的特点和发展潜力,通过不断深化教育体制改革,尽快建立起管理科学、运行有

效、目标明确的贫困生教育救助制度。其主要内容如下:

(1)加大教育救助的资金投入,支持民间教育救助团体的发展。

(2)完善教育救助政策体系。

(3)推动教育资源公平配置。

(4)建立良好的教育救助运行机制。

(5)完善教育救助法律法规。

81. 初等教育阶段有哪些救助形式?

(1)免费义务教育。通过法律法规的形式将免费义务教育作为中小学教育阶段的适龄儿童接受教育的重要措施,对提高人口整体素质,推进经济社会持续稳定发展发挥了重要作用。

(2)助学金。这是针对贫困家庭学生实行教育救助的一种比较通用的措施。提供助学金往往是定期的,一般以一个学年、一个学期或者一个月为时间单位提供助学金。它通常是由学校或者国家发放的。

(3)困难补助。这是提供给贫困家庭学生的一种常见的教育救助项目。困难补助往往是一种临时性措施,不定期地提供一定金额的补助,解决贫困学生的燃眉之急。它往往也是由国家或者学校实行的一种措施。

知识链接

教育救助是普及初等教育不可或缺的重要环节,是提高高中教育水平的重要条件,是完成高等教育的重要保障,也是贫困地区技能及职业教育发展的重要推动力。初等教育阶段的救助有利于推动全面贯彻九年义务教育，有利于提升我国贫困地区的识字率，提升当地社会的整体文化水平。对于促进贫困地区的长远发展和社会进步具有重要促进作用。

82. 高等教育阶段有哪些救助形式？

（1）奖学金。奖学金主要帮助经济困难并且学习优秀的学生完成学业，它是由高校、校外单位或者国家发放的。这是一种普遍的教育救助措施，但它的不足之处在于享受奖学金需要与学习成绩挂钩，家庭贫困但学习成绩不好的学生往往领不到奖学金，因此它在教育救助方面的作用是有限的。

（2）助学贷款。助学贷款是党中央、国务院在社会主义市场经济条件下，利用金融手段完善我国普通高校资助政策体系，加大对普通高校贫困家庭学生资助力度所采取的一项重大措施。助学贷款是由政府主导、财政贴息、财政和高校共同给予银行一定风险补偿金，银行、教育行政部门与高校共同操作的专门帮助高校贫困家庭学生的银行贷款。借款学生不需要办理贷款担保或抵押，但需要承诺按期还款，并承担相关法律责任。借款学生通过学校向银行申请贷款，用于弥补在校期间各项费用不足，毕业后分期偿还。

（3）补助金。补助金往往是由各级政府或者大学提供的一种教育救助项目。中央和地方拨出专款对贫困大学生进行困难补助。有些高校也从自筹资金中拿出一部分来帮助贫困大学生完成学业。补助金主要解决学生在校期间的生活费问题，属于一种临时性措施。

（4）学费减免。许多高校的学费往往是比较昂贵的，尤其对贫困大学生来说是一个很沉重的负担,因此,通过学费减免可以大大减轻贫困大学生的经济困难。但在有些学校,学费减免也与学习成绩相挂钩,只有成绩优秀的学生才能享受学费减免,这样难免会有需要帮助的贫困大学生得不到学费减免。

(5)勤工俭学。勤工俭学是指学校组织的或学生个人从事的有酬劳动,用以助学。美、日等西方国家称之为“工作助学”,我国一般称之为“勤工俭学”。学生在学有余力的前提下,利用课余时间参加高校组织的勤工助学活动,通过劳动取得合法报酬,改善学习和生活条件等。

知识链接

高等教育救助也存在一些问题和不足。例如,助学金资助范围较小,只有百分之几甚至更小的获奖比例。对于大多数贫困生来说,是无法获得的;勤工俭学岗位少,报酬低;学杂费减免因享受的条件太苛刻,使能享受的大学生数量非常有限。各项救助偏向成绩好的学生,成绩差的学生很难得到救助。银行发放助学贷款,积极性不高,且存在低风险偏好,特别困难的学生很难获得这一贷款。救助资源校际间差别很大,不知名大学救助资源短缺。再加之系统合力不足,影响了政策实施的效果,造成一部分贫困生得不到应有的救助,而另一部分贫困生重复资助,救助资源严重浪费。

83. 教育救助的法规与政策有哪些？

我国政府一贯重视城乡特殊困难未成年人的教育救助工作。2007年国务院发布了《国务院关于建立健全普通本科高校高等职业学校和中等职业学校家庭经济困难学生资助政策体系的意见》。2014 年颁布、2019 年修订的《社会救助暂行办法》进一步规定，教育救助是我国社会救助体系的一个重要部分。各级民政、教育行政部门积极开展教育救助工作，为城乡特殊困难未成年人的受教育提供各种形式的帮助。

知识链接

近年来，教育救助政策不断发展。其主要内容包括以下方面：一是逐步加快扩大到非义务教育阶段，二是救助方式不断完善，三是待遇水平不断提高，四是教育救助进一步规范化运行。国务院及其主管部门发布了一系列政策文件，积极促进教育救助的发展。其中比较重要的政策文件有：《财政部、教育部关于建立普通高中家庭经济困难学生国家资助制度的意见》《教育部、财政部关于全面实施城乡义务教育教科书免费提供和做好部分免费教科书循环使用工作的意见》《教育部、财政部关于印发〈高等学校勤工助学管理办法(2018 年修订)〉的通知》《教育部等六部门关于做好家庭经济困难学生认定工作的指导意见》《财政部、教育部关于调整职业院校奖助学金政策的通知》。

第六章　就业救助与临时救助

84. 什么是就业救助?

就业救助是社会救助的一种形式,它是指党和政府通过各项促进就业扶持政策,以及就业服务机构为主的有关部门的具体帮助,帮助就业困难人员实现就业,以此达到增加家庭劳动收入、摆脱贫困的目的。

知识链接

就业是民生之本,充分就业是国民经济发展的重要目标和重要保障。在我国现阶段,社会转型对人们生活产生了巨大冲击,下岗、失业、农民工、外地打工者等群体,形成了新的城市贫困人群。过多的失业人口对城市的发展和经济的转型造成了巨大压力。为此,促进劳动力再就业,对失业人口进行就业救助势在必行。《中华人民共和国就业促进法》《就业服务与就业管理规定》《社会救助暂行办法》等法律法规均对就业救助作了有关规定。

85. 就业救助的对象是什么?

《社会救助暂行办法》规定,国家对最低生活保障家庭中有劳动能力并处于失业状态的成员,通过贷款贴息、社会保险补贴、岗位补贴、培训补贴、费用减免、公益性岗位安置等办法,给予就业救助。这一规定从法律上界定了就业救助的对象,即最低生活保障家庭中有劳动能力并处于失业状态的成员。

知识链接

《中华人民共和国就业促进法》《就业服务与就业管理规定》关于就业困难人员的界定:因身体状况、技能水平、家庭因素、失去土地等原因难以实现就业,以及连续失业一定时间仍未能实现就业的居民。关于零就业家庭的界定如下:法定劳动年龄内的家庭人员均处于失业状况的城市居民家庭。

一般来说,就业救助对象都是就业困难人员,且很多都是零就业家庭的成员,但是并不是所有的就业困难人员和零就业家庭的成员都是就业救助对象,二者之间的主要区别就是救助对象所在的家庭是否属于最低生活保障家庭。

86. 就业救助的主体是什么?

毋庸置疑,政府是就业救助的主要责任承担者,在就业救助立法、救助资金的提供及相关事务的管理等方面负担主要责任,因此,政府是就业救助的主要主体。但是,政府并不是就业救助的唯一主体,很多企业、社会单位也可以成为就业救助的主体,也可以在就业救助工作中发挥很大的作用。

知识链接

目前,我国社会救助工作的总体情况是政府异常繁忙,民间力量却发挥不够,这种情况下需要充分发挥民间社会力量的作用。尽管目前我国社会组织登记管理体制改革已经取得一些进步,但民间慈善机构申请注册仍面临程序复杂、难度大等问题,以至于民间力量与政府部门不能很好地沟通配合。政府正在改变就业救助中过于强调政府主体责任的观念,调动非营利组织在就业救助活动中的积极性,发挥对于扩大救助范围、提高救助力度等方面的积极作用。

87. 就业救助的方式有哪些?

根据《社会救助暂行办法》的规定,就业救助主要采取以下方式:

(1)贷款贴息。根据《财政部、人力资源和社会保障部、中国人民银行关于加强小额担保贷款财政贴息资金管理的通知》的规定,就业救助对象属于财政贴息资金的支持对象,目前财政贴息资金支持的最高小额担保贷款额度为5万元,小额担保贷款期限最长为2年。

(2)社会保险补贴。《国务院关于做好促进就业工作的通知》规定,对各类企业招用就业困难人员,签订劳动合同并缴纳社会保险费的,在相应期限内给予基本养老保险、基本医疗保险和失业保险补贴;对就业困难人员灵活就业后申报就业并缴纳社会保险费的,给予一定数额的社会保险补贴。在公益性岗位安排就业困难人员，视其缴纳社会保险费的情况，在相应期限内给予社会保险补贴。就业救助对象属于就业困难人员，可以按照上述规定享受社会保险补贴政策。

（3）岗位补贴。《中华人民共和国就业促进法》第五十三条规定，被安排在社区公益性岗位工作的，按照国家规定给予岗位补贴。《财政部、人力资源和社会保障部关于进一步加强就业专项资金管理有关问题的通知》对就业专项资金安排使用公益性岗位补贴作了具体规定。就业救助对象属于就业困难人员，可以按照上述规定享受岗位补贴政策。

（4）培训补贴。《中华人民共和国就业促进法》第四十九条规定，失业人员参加就业培训的，按照有关规定享受政府培训补贴。《国务院关于加强职业培训促进就业的意见》规定，对城乡未继续升学的应届初高中毕业生参加劳动预备制培训，按规定给予培训费补贴的同时，对其中农村学员和城市家庭经济困难学员给予一定生活费补贴。从各地情况看，培训标准根据培训类型和层次的不同，一般为 300 ~ 1000 元不等，部分地区高级技能培训的补贴已超过 1000 元。

（5）费用减免。根据《财政部、国家税务总局关于支持和促进就业有关税收政策的通知》的规定，对符合条件的就业救助对象，在 3 年内按每户每年 8000 元为限额依次扣减其当年实际应缴纳的营业税、城市维护建设税、教育费附加和个人所得税。

（6）公益性岗位安置。《中华人民共和国就业促进法》第五十三条规定，政府投资开发的公益性岗位，应当优先安排符合岗位要求的就业困难人员。政府投资开发的公益性岗位是指由政府作为出资主体，扶持或通过社会筹集资金开发的，以安置就业困难人员为主，符合社会公共利益需要的服务性岗位和协助管理岗位，在同等条件下，应当优先录用和安排包括就业救助对象在内的各类就业困难人员。

知识链接

城乡低保制度是政府和社会建立的一种维护城乡困难群众基本生存发展权利的制度。调查发现，一些具有工作能力的人员，包括一些残疾人，理应接受就业救助并有能力获得免费介绍、安置工作的机会。但是考虑到一经就业，就不再符合低保条件，且工资与低保补助相差无几，所以有一部分具有劳动能力的人为了得到低保补助，拒绝进行劳动能力鉴定，谎称无劳动能力。由于目前国家没有统一设置专门对劳动能力进行鉴定的机构，且在医院进行鉴定成本过高，所以这一部分人被社会“包养”，出现“养懒汉”现象。目前，国家正在健全劳动能力鉴定制度，与就业救助、就业援助制度紧密结合，使缺乏就业意愿者具备就业意愿，使较低就业能力者提升就业能力，尽力避免“养懒汉”的社会现象。

88. 就业救助的办理程序是什么？

获得就业救助是公民的一项权利，符合救助条件的居民可以提出申请，经核实登记后，免费享受相应的就业服务。关于申请就业救助的程序，根据《社会救助暂行办法》第四十四条规定：“申请就业救助的，应当向住所地街道、社区公共就业服务机构提出，公共就业服务机构核实后予以登记，并免费提供就业岗位信息、职业介绍、职业指导等就业服务。”

知识链接

关于就业救助的办理程序，《社会救助暂行办法》明确了大致的流程，而各个地方的办理程序不尽一致。下面提供某地的就业救助申请程序作为参考：

就业救助办理流程

(1)申请。申请人携带身份证原件及复印件、就业失业登记证原件及复印件、银行扣缴社保费等相关材料原件及复印件,到所在地劳动保障站所进行信息录入。

(2)受理。根据申请人提供的申请材料,劳动保障站所对符合受理条件的予以受理,不符合受理条件的不予以受理,并告知不予受理的理由。

(3)办结。根据申请人提交的材料进行审核,审核通过后审批发放。

89. 拒绝接受就业救助有什么后果?

《社会救助暂行办法》第四十五条规定:"最低生活保障家庭中有劳动能力但未就业的成员,应当接受人力资源社会保障等有关部门介绍的工作;无正当理由,连续3次拒绝接受介绍的与其健康状况、劳动能力等相适应的工作的,县级人民政府民政部门应当决定减发或者停发其本人的最低生活保障金。"

知识链接

如果非因本人意愿中断就业的,而且在职时已缴纳了失业保险的,可以根据规定领取失业保险金。

失业保险金的领取条件如下:

(1)按照规定参加失业保险,所在单位和本人已按照规定履行缴费义务满1年。

(2)非因本人意愿中断就业,即失业人员不愿意中断就业,但因本人无法控制的原因而被迫中断就业。

主要包括:终止劳动合同,职工被用人单位解除劳动合同,职工被用人单位开除、除名和辞退的,用人单位违法或违反劳动合同导致职工辞职。出现上述情形造成职工失业的,职工有权申领失业保险金。

(3)已办理失业登记,并有求职要求。

办理失业登记是为了掌握失业人员的基本情况,确认其资格。须有求职要求,是考虑到失业保险的一个重要功能是促进失业人员再就业。这是享受失业保险待遇的一个前提,也是失业人员应尽的义务。

90.就业救助的政策有哪些?

(1)各级人民政府建立健全就业援助制度,采取税费减免、贷款贴息、社会保险补贴、岗位补贴等办法,通过公益性岗位安置等途径,对就业困难人员实行优先扶持和重点帮助,促进就业困难人员实现就业。

(2)各级人民政府建立就业困难人员申报登记制度,完善就业困难人员认定、安置、退出动态管理机制,建立健全就业困难人员信息数据库。

(3)鼓励企业吸纳就业困难人员就业。县级以上人民政府对招用就业困难人员,签订1年以上期限劳动合同并缴纳社会保险费的企业,按照省人民政府有关规定在相应期限内给予基本养老保险、基本医疗保险和失业保险补贴。就业困难人员灵活就业后进行就业登记并缴纳社会保险费的,按照省人民政府有关规定给予一定数额的社会保险补贴。

(4)县级以上人民政府采取多种措施,拓宽公益性岗位范围,开发服务型、管理型等不同类型的就业岗位。政府投资开发的公益性岗位,应当优先安排符合岗位要求的就业困难人员，并在相应期限内给予基本养老保险、基本医疗保险、失业保险补贴及岗位补贴。

(5)鼓励机关、企业事业单位及街道社区组织等社会各方面力量，结合各自特点及需求，开发各类后勤服务岗位，安排就业困难人员就业，并按照省人民政府有关规定给予适当的岗位补贴。

(6)县级以上人民政府建立零就业家庭即时岗位援助制度，确保城镇有劳动能力和就业需求的零就业家庭至少有1人实现就业。

知识链接

近十年，大学生就业一直都是比较受关注的社会话题。当前，我国大学生毕业人数基数大而且增长也快，大学毕业生的就业压力异常巨大。近年来，伴随我国对教育的重视与发展、大学教育的普及、高校大规模扩招等一系列原因，使大学毕业生的数量处于一个递增的趋势，其就业问题也变得日益突出。目前，就业市场的供需能力不足，大学生群体的几何式增长与就业岗位数量之间的关系失衡，导致大量大学生无法就业，大学生的就业率下降，大学生就业形势很不理想。

91. 吸纳就业救助对象的用人单位可享受哪些政策?

根据《社会救助暂行办法》的规定，吸纳就业救助对象的用人单位主要享受以下就业扶持政策：

(1) 社会保险补贴。《国务院关于做好促进就业工作的通知》规定，对各类企业招用就业困难人员，签订劳动合同并缴纳社会保险费的，在相应期限内给予基本养老保险、基本医疗保险和失业保险补贴。社会保险补贴期限，除对距法定退休年龄不足5年的人员可延长至退休外，其余人员最长不超过3年。

(2) 税收优惠。《财政部、国家税务总局关于支持和促进就业有关税收政策的通知》规定，对商贸企业、服务型企业(除广告业、房屋中介、典当、桑拿、按摩、氧吧外)、劳动就业服务企业中的加工型企业和街道社区具有加工性质的小型企业实体，在新增加的岗位中，当年新招用持就业失业登记证(注明“企业吸纳税收政策”)人员，与其签订1年以上期限劳动合同并依法缴纳社会保险费的，在3年内按实际招用人数予以定额依次扣减营业税、城市维护建设税、教育费附加和企业所得税优惠。

(3)小额担保贷款。中国人民银行、财政部、人力资源和社会保障部联合发布的《关于进一步改进小额担保贷款管理积极推动创业促就业的通知》规定，对当年新招用符合小额担保贷款申请条件的人员达到企业现有在职职工总数30%（超过100人的企业达15%）以上、并与其签订1年以上劳动合同的劳动密集型小企业，经办金融机构根据企业实际招用人数确定合理小额担保贷款额度，最高不超过人民币200万元，贷款期限不超过2年。经办金融机构对符合上述条件的劳动密集型小企业发放小额担保贷款，由财政部门按中国人民银行公布的贷款基准利率的50%给予贴息(展期不贴息)，贴息资金由中央和地方财政各负担一半。

知识链接

《中华人民共和国就业促进法》第十七条：

国家鼓励企业增加就业岗位，扶持失业人员和残疾人就业，对下列企业、人员依法给予税收优惠：

(一)吸纳符合国家规定条件的失业人员达到规定要求的企业；

(二)失业人员创办的中小企业；

（三）安置残疾人员达到规定比例或者集中使用残疾人的企业；

（四）从事个体经营的符合国家规定条件的失业人员；

（五）从事个体经营的残疾人；

（六）国务院规定给予税收优惠的其他企业、人员。

92. 就业救助的意义和作用是什么？

就业是民生之本，对整个社会生产和发展具有重要意义。就业使得劳动力与生产资料相结合，生产出社会所需要的物质财富和精神财富。所以就业救助能大大提高社会的生产效率以及资源再分配，既保障了人民群众的基本生活和自我价值实现，又促进了社会的和谐稳定。就业救助对国家、社会、民生等各方面都具有十分重要的意义。

知识链接

目前许多无业者并不是找不到工作，而是大部分工作缺乏保障性和可靠性。因此，就业救助除了为失业者提供各类援助以外，还有另一种层次上的救助，那便是规范企业的市场行为和用工标准。政府应该制定强制性的政策法规，保障企业内员工的合法权益与福利待遇，对不符合用工标准的企业要严厉查处。另外，还应该加大对新兴产业投入，扶持信誉良好的企业，给就业者提供一个良好稳定的就业环境。

93. 什么是临时救助？

临时救助制度指国家对遭遇突发事件、意外伤害、重大疾病或其他特殊原因导致基本生活陷入困境，其他社会救助制度暂时无法覆盖，或救助之后基本生活暂时仍有严重困难的家庭或个人，给予的应急性、过渡性的救助。

2014 年，国务院印发《关于全面建立临时救助制度的通知》，部署进一步发挥社会救助托底线、救急难作用，解决城乡困难群众突发性、紧迫性、临时性生活困难。

知识链接

《关于全面建立临时救助制度的通知》规定，临时救助工作要坚持应救尽救，确保有困难的群众都能求助有门，并按规定得到及时救助；坚持适度救助，着眼于解决基本生活困难、摆脱临时困境，既要尽力而为，又要量力而行；坚持公开公正，做到政策公开、过程透明、结果公正；坚持制度衔接，加强各项救助、保障制度的衔接配合，形成整体合力；坚持资源统筹，政府救助、社会帮扶、家庭自救有机结合。

94. 临时救助的对象是什么？

临时救助的对象包括家庭对象和个人对象。家庭对象是因火灾、交通事故等意外事件，家庭成员突发重大疾病等情况，导致基本生活暂时出现严重困难的家庭；因生活必需支出突然增加超出家庭承受能力，导致基本生活暂时出现严重困难的最低生活保障家庭；遭遇其他特殊困难的家庭。个人对象是因遭遇火灾、交通事故、突发重大疾病或其他特殊困难，暂时无法得到家庭支持，导致基本生活陷入困境的个人。应该注意的是，临时救助的对象没有本地户籍的限制，也就是说，只要符合救助的条件，无论是否有本地户籍，都可以在居住地申请临时救助。

知识链接

与其他社会救助项目相比，临时救助更加适合吸引社会力量参与。一方面，临时救助对时效性、灵活性要求较高，社会力量在这方面具备一定优势；另一方面，慈善组织等也需要通过组织参与救急、救难的公益活动，形成良好的社会效应。政府救助与社会帮扶要实现有效衔接、有机结合，充分发挥各类救助资源的作用，实现困难群众求助有门、受助及时、畅通无阻。

95. 临时救助的标准有哪些？

我国临时救助标准如下：

（1）根据贫困家庭的实际情况一次性给予2000～6000元的补助。

（2）因严重疾病导致家庭困难的，按医疗费用金额的10%给予补偿，最高不超过每户每年6000元。

（3）对来自低收入家庭的大学生补贴标准为每年2000元，对孤儿补贴标准为每年3000元。

需要注意的是，临时救助属于一次性救助，个人每年最高救助5000元，家庭每年最高救助10000元。具体政策和申请程序向居委会（村委会）、街道办事处（镇政府）民政窗口咨询和申请。在一个自然年度内（当年的1月1日至12月31日）原则上一个家庭只救助一次，特殊情况可以救助两次。

根据国务院相关文件要求，临时救助标准应与当地最低生活保障标准挂钩，根据救助对象的家庭人口、困难类型、困难程度和困难持续时间等因素，分类细化救助标准。对于重大生活困难，临时救助标准可采取一事一议的方式，根据具体情形分类分档设定，适当提高救助额度。

知识链接

临时救助标准应与当地经济社会发展水平相适应。县级以上地方人民政府要根据救助对象困难类型、困难程度，统筹考虑其他社会救助制度保障水平，合理确定临时救助标准，并适时调整。临时救助标准应向社会公布。省级人民政府要加强对本行政区域内临时救助标准制定的统筹，推动形成相对统一的区域临时救助标准。

96. 临时救助的原则是什么？

《国务院关于全面建立临时救助制度的通知》，对临时救助工作提出了以下总体要求：

（1）坚持应救尽救，确保有困难的群众都能求助有门，并按规定得到及时救助。

（2）坚持适度救助，着眼于解决基本生活困难、摆脱临时困境，既要尽力而为，又要量力而行。

(3)坚持公开公正,做到政策公开、过程透明、结果公正。

(4)坚持制度衔接,加强各项救助、保障制度的衔接配合,形成整体合力。

(5)坚持资源统筹,政府救助、社会帮扶、家庭自救有机结合。

知识链接

临时救助工作除了要遵守以上要求外,还应当遵守以下原则:

(1)临时救助实行救济措施配套原则。临时救助要与再就业、生产自救、社会互助和扶贫帮困行动相结合。区、县(市)民政部门以及街道办事处或乡镇人民政府可以通过技能培训、职业介绍等形式,促使其自助自立,以改善生活状况。

(2)临时救助实行救济渠道统一原则。临时救助实行属地化管理,由企业、慈善机构等开展的救助,均应通过社区委员会或村民委员会统一调查认定后组织实施。临时救助对象按最低生活保障对象的相关规定分类管理,依据救助对象的就业情况和家庭收入变化情况,及时办理停发、减发或增发救助待遇手续。

(3)临时救助坚持公开、公平、公正的原则。要坚持做到救助对象、条件、标准三公开,充分发扬民主,广泛听取意见,接受群众监督。

97.临时救助的主体是什么?

临时救助制度实行地方各级人民政府负责制。县级以上地方人民政府民政部门要统筹做好本行政区域内的临时救助工作,卫生计生、教育、住房城乡建设、人力资源社会保障、财政等部门要主动配合,密切协作。换言之,临时救助的主体是地方各级人民政府。

国务院民政部门统筹全国临时救助制度建设。国务院民政、卫生计生、教育、住房城乡建设、人力资源社会保障、财政等部门,按照各自职责做好相关工作。

知识链接

在实行临时救助时,各级人民政府需要进一步明确救助类型。例如急难型救助,主要包括因火灾、交通事故、各类自然灾害等突发意外事件,家庭成员突发重大疾病及遭遇其他特殊困难等原因,导致基本生活暂时出现严重困难、需要立即采取救助措施的家庭和个人。

支出型救助,主要包括因医疗、教育等生活必需支出突然增加超出家庭承受能力,导致基本生活一定时期内出现严重困难的家庭,主要包括城乡低保对象、特困供养对象、困难户、困难残疾人、低收入家庭、因病致贫家庭及民政部门认定的其他困难家庭等。明确划分救助类型,有助于第一时间内实行及时精准的救助。

98. 临时救助的救助程序有哪些?

临时救助的申请、审批实行市民政局、乡镇(街道)分级负责审批制度,村(居)民委员会应协助困难家庭或个人开展申请。其主要程序如下:

(1)申请受理

①依法申请受理

困难家庭或个人向所在地乡镇人民政府(街道办事处)提出临时救

助申请。因病残、年老体弱等原因不能自行申请的,可委托村(居)民委员会或其他单位、个人代为提出临时救助申请。紧急情况时由乡镇人民政府(街道办事处)先行救助,紧急情况解除后再补办申请手续。

申请临时救助,应说明致困原因,按规定提交相关证件和证明材料,无正当理由,乡镇人民政府(街道办事处)不得拒绝受理;申请材料不齐备的,应当一次性告知申请人或代理人按规定补齐材料。申请材料包括:

A. 户口簿及家庭成员的有效身份证明,对因不可抗力无法提供身份证明的,可通过便捷方法对其身份进行核实。

B. 临时救助申请表(含社会救助家庭经济状况认定核查授权书)。

C. 因医疗费用支出导致生活困难申请临时救助的,应提供医疗费用结算单据、医疗救助或报销结算单据;因火灾事故等导致生活困难提出申请的,应提供公安机关消防机构或村(居)民委员会出具的火灾事故证明,或相关部门出具的意外事故责任认定、人身伤害赔偿处理结果等证明材料。

D. 与临时救助有关的其他证明材料。

②主动发现受理

村(居)民委员会和乡镇人民政府(街道办事处)发现辖区居民遭遇突发事件、意外事故、罹患重病等特殊情况,或接到有关部门、社会组织、公民个人报告的求助线索后,应及时核实情况,主动帮助有困难的家庭或个人提出救助申请。

(2)审核审批

①一般程序

乡镇人民政府(街道办事处)在收到申请后的4个工作日内完成调查核实,提出审核意见,并在申请人所在的村(社区)公示7日,接受社会监督。对符合救助条件公示无异议的,一次性救助金额在2000元(含)以下的,由乡镇(街道)在3个工作日内审批、发放,将审批表报市民政局备案;一次性救助金额在2000元(不含)以上的,乡镇(街道)在核实后2个工作日内将《申请审批表》及相关材料报市民政局,市民政局在3个工作日内审批。公示有异议的,乡镇人民政府(街道办事处)应进行核实,并在3个工作日内提出复核意见。对不符合救助条件的,应当书面告知申请人,并说明理由。如遇特殊情况,审核审批期限可适当延长。

②紧急程序

对情况紧急、需立即采取措施防止造成无法挽回的损失或严重后果的,乡镇人民政府(街道办事处)应先行救助,确保救助措施在24小时内到位,同时报告市民政局。待紧急情况解除后,按规定补齐审核审批手续。

(3)发放

市民政局按月(审批量多时可按半个月)统计汇总临时救助发放清册,通过财政公共服务平台下拨到申请对象的银行卡账户,实行社会化发放。

以上所述是申请临时救助的一般程序,每个地方由于具体情形不同,其规定也有所区别,具体详情可咨询当地民政部门。

知识链接

虽然临时救助程序对相关临时救助作出了严格规定,但并非一成不变。根据现行政策规定,国家对因重大疾病导致基本生活陷入困境的家庭或个人给予临时救助,帮助其渡过难关;根据救助对象遭遇急难事件的急难程度,适用不同的审核审批程序,对情况紧急的简化审核审批程序,运用"先行救助"方式提高救助的时效性,并依据分类分档原则制定临时救助标准。各级地方政府应进一步完善临时救助制度,督促全面落实"先行救助""分级审批"等规定,做到凡困必帮、有难必救。

99. 临时救助的方式有哪些?

对符合条件的救助对象,可采取以下救助方式:

(1)发放临时救助金。各地应全面推行临时救助金社会化发放,按照财政国库管理制度将临时救助金直接支付到救助对象的个人账户,确保救助金足额、及时发放到位。必要时,可直接发放现金。

(2)发放实物。根据临时救助标准和救助对象基本生活需要,可采取发放衣物、食品、饮用水,提供临时住所等方式予以救助。对于采取实物发放形式的,除紧急情况外,要严格按照政府采购制度的有关规定执行。

(3)提供转介服务。对给予临时救助金、实物救助后,仍不能解决临时救助对象困难的,可分情况提供转介服务。对符合最低生活保障或医疗、教育、住房、就业等专项救助条件的,要协助其申请;对需要公益慈善组织、社会工作服务机构等通过慈善项目、发动社会募捐、提供专业服务、志愿服务等形式给予帮扶的,要及时转介。

知识链接

确立救助方式,有助于快速实施临时救助。在建立临时救助制度时,还应建立监督追责机制。其重点如下:

(1)民政部、财政部要会同有关部门将临时救助制度落实情况作为督查督办的重点内容,定期组织开展专项检查。财政、审计、监察部门要加强对临时救助资金管理使用情况的监督检查,防止挤占、挪用、套取等违纪违法现象发生。

(2)临时救助对象不如实申报家庭财产、收入状况,提供虚假证明,采取欺瞒等手段骗取临时救助资金的,根据《社会救助暂行办法》的规定,追回冒领资金。

(3)对因玩忽职守、徇私舞弊、滥用职权违规办理临时救助或贪污、挪用、扣压、拖欠临时救助金的,要依法依规严肃追究有关机构和人员的责任;构成犯罪的,依法移送司法机关追究刑事责任。

100. 强化临时救助制度的保障措施有哪些?

强化临时救助制度的保障措施主要包含以下方面:

(1)加强组织领导

地方各级人民政府要按照属地原则,将建立完善临时救助制度列入重要议事日程,抓紧完善配套政策措施。要进一步建立健全政府领导、民政部门牵头、有关部门配合、社会力量参与的社会救助工作协调机制,及时研究解决工作中遇到的问题。要将临时救助等社会救助工作列入地方领导班子和领导干部政绩考核评价指标体系,并合理确定权重;将考核结果纳入政府领导班子和相关领导干部综合考核评价中,作为干部选拔任用、管理监督的重要依据。民政部门要切实履行主管部门职责,发挥好统筹协调作用;财政部门要加强资金保障,提高资金使用效益;其他有关部门要各司其职,积极配合,形成齐抓共管、整体推进的工作格局。

(2)加强能力建设

省级人民政府要切实加强临时救助能力建设,统筹考虑常住人口、最低生活保障对象和特困供养人员数量等因素,制定落实基层社会救助职责的具体办法和措施。地方各级人民政府要结合本地实际全面落实临时救助制度要求,科学整合县(市、区)、乡镇人民政府(街道办事处)管理机构及人力资源,充实加强基层临时救助工作力量,确保事有人管、责有人负。要充分发挥社区居民委员会和村民委员会的作用,协助做好困难排查、信息报送、宣传引导、公示监督等工作。同时要加强人员培训,不断提高临时救助管理服务水平。

(3)加强监督管理

县级以上地方人民政府要切实担负起临时救助政策制定、资金投入、工作保障和监督管理责任,乡镇人民政府(街道办事处)要切实履行临时救助受理、审核等职责,民政部门要会同卫生计生、教育、住房城乡建设、人力资源社会保障等部门,按照"一门受理、协同办理"的工作要求,明确各业务环节的经办主体责任,强化责任落实,确保困难群众求助有门、受助及时。同时完善临时救助责任追究制度,明确细化责任追究对象、方式和程序,加大行政问责力度,对因责任不落实、相互推诿、处置不及时等造成严重后果的单位和个人,要依纪依法追究责任。

(4)加强政策宣传

各地要组织好临时救助政策的宣传工作,充分利用报刊、广播、电视等媒体和互联网,以及公共查阅室、资料索取点、信息宣传栏、宣传册、明白纸等群众喜闻乐见的途径和形式,不断加大政策宣传普及力度,使临时救助政策得到最大范围的普及。要加强舆论引导,从政府作用、个人权利、家庭责任、社会参与等方面,多角度宣传临时救助的功能定位和制度特点,引导社会公众理解、支持临时救助工作,营造良好社会舆论氛围,弘扬中华民族团结友爱、互助共济的传统美德。

知识链接

我国全面建立临时救助制度应重点关注以下方面:

(1)建立和完善低保补充救助制度,为获得了低保待遇以后仍有困难的家庭提供必要的补充救助待遇。

(2)建立和完善大病补充救助,为因经济困难确实无法交纳个人自负部分医疗费用的家庭提供补充性救助。

(3)建立以社区为依托的综合性临时救助服务体系,一方面进行危机预防、先期发现和主动救助的工作,另一方面通过照料、庇护、心理辅导、调解等服务救助帮助居民解决或缓解各种急难问题。

(4)加快临时救助的管理体系建设,包括建立管理的制度构架和具体的制度体系,落实资金保障,完善基层管理的组织体系,加强管理与服务人员队伍的建设,尤其是人员管理和服务人员队伍的专业化建设。

第七章　法律援助与特殊人员救助

101. 法律援助的内涵有哪些？

法律援助是指由政府设立的法律援助机构或者非政府设立的合法律所组织法律援助的律师，为经济困难或特殊案件当事人尤其是农村人员给予无偿提供法律服务的一项法律保障制度。

其具体含义是：国家在司法制度运行的各个环节和各个层次上，对因经济困难及其他因素而难以通过通常意义上的法律救济手段保障自身基本社会权利的社会弱者，免费提供法律帮助的一项法律保障制度。其形式包括法律咨询、代拟法律文书、刑事辩护、诉讼代理、非诉讼法律事务代理等。它作为实现社会正义和司法公正，保障公民基本权利的国家行为，在国家司法体系中占有十分重要的地位。

法律援助体现的是受国家法律保护并以国家强制力为后盾的一种国家义务行为。国家或政府通过设立法律援助机构、提供法律援助经费、制定法律援助法等形式，授权法律援助机构和律师、公证员、基层法律服务工作者等法律服务人员和社会志愿人员履行国家对公民的法律援助义务或责任。这是现代法律援助制度区别于传统的律师个人的道义行为和社会团体慈善行为的最根本的标志。

知识链接

法律援助是一项扶助贫弱、保障社会弱势群体合法权益的社会公益事业，同时也是我国实践依法治国方略，全面建设小康社会的重要举措。《法律援助条例》的颁布实施和各种法律援助公益活动的开展，标志着我国法律援助工作在广度和深度上有了新的拓展和突破。用法律的手段帮助人民群众解决诉讼难的问题，是当前我国建设社会主义法治国家大背景下的必然选择，也是促进司法公正的重要保障。

102. 法律援助的对象和范围有哪些?

我国将法律援助的对象确定为经济困难或者因突发事故无力支付法律服务费用的公民以及刑事诉讼中由法院指定辩护的被告人。具体是指:有需要代理事项但因经济困难无力支付代理费用的公民;因经济困难或者其他原因没有委托辩护人的公诉案件中的被告人;盲聋哑人或者可能被判处死刑而没有委托辩护人的被告人等。

我国 2003 年 7 月公布的《法律援助条例》(以下简称《条例》)规定:因经济困难没有委托代理人的，可以向法律援助机构申请法律援助，但对如何界定“经济困难”，并没有一个全国统一标准。《条例》规定，公民经济困难的标准，由省、自治区、直辖市人民政府根据本行政区域经济发展状况和法律援助事业的需要规定。申请人住所地的经济困难标准与受理申请的法律援助机构所在地的经济困难标准不一致的，按照受理申请的法律援助机构所在地的经济困难标准执行。

《条例》规定以下刑事案件当事人申请法律援助不受经济条件限制:

犯罪嫌疑人在被侦查机关第一次讯问后或者采取强制措施之日起，因经济困难没有聘请律师的;公诉案件中的被害人及其法定代理人或者近亲属，自案件移送审查起诉之日起，因经济困难没有委托诉讼代理人的；自诉案件的自诉人及其法定代理人，自案件被人民法院受理之日起，因经济困难没有委托诉讼代理人的；公诉人出庭公诉的案件，被告人因经济困难或者其他原因没有委托辩护人，人民法院为被告人指定辩护时，法律援助机构应当提供法律援助；被告人是盲、聋、哑人或者未成年人而没有委托辩护人的，或者被告人可能被判处死刑而没有委托辩护人的，人民法院为被告人指定辩护时，法律援助机构应当提供法律援助，无须对被告人进行经济状况的审查。

另外，公民对下列需要代理的事项，因经济困难没有委托代理人的，可以向法律援助机构申请法律援助：依法请求国家赔偿的；请求给予社会保险待遇或者最低生活保障待遇的；请求发给抚恤金、救济金的；请求给付赡养费、抚养费、扶养费的；请求支付劳动报酬的；主张因见义勇为行为产生的民事权益的。

知识链接

法律援助是对现有法律的有力补充，其意义如下：①法律援助是依法治国得以实现的有力保证。②法律援助有助于夯实党的执政基础，巩固党的执政地位。③法律援助有利于构建社会主义和谐社会。④法律援助是实现社会公平正义的内在要求。

103.法律援助的特征有哪些？

法律援助的特征如下：

(1)国家性。法律援助是一种国家行为或者是政府行为，其实施主体主要是国家政府部门。从法律援助的本质来看,法律援助是被国家法律保护并以国家强制力为坚强后盾的一种国家义务行为,反映的是国家必须承担的国家责任。法律援助机构、援助人员由国家出资并管理。

(2)援助的无偿性和优惠性。法律援助机构对受援对象减免法律服务费,法院对受援对象减免案件受理费及其他诉讼费用。这是法律援助最直观的特征。各国通行的做法是,根据受援人的经济条件,给予其全部或部分减免费用的法律帮助。

(3)司法救济性。法律援助体现法制、公正、平等这三大司法制度的基本理念。援助的对象大部分是经济困难者或特殊案件的当事人,具体包括一般援助对象和特殊援助对象。一般援助对象是指经济困难而无法支付或不能完全支付法律服务费用的贫穷公民;特殊援助对象是指身体残障人员,包括盲、聋、哑人和未成年人以及可能被判处极刑的被告人。通过对贫弱公民提供法律帮助使他们平等地进入诉讼程序,平等地行使诉讼权利,保护他们法定权利的实现,以维护司法公正。法律援助的司法救济性是其与以经济帮助为目的社会救济、社会保障制度的本质区别。

(4)援助提供主体及内容的法律专业性。法律援助的提供者主要是熟悉法律的人员,如法律援助专职人员、律师、基层法律服务人员、公证员等。此外,也包括法律院校的法律援助志愿者,社会团体及其他法律援助人员的积极参与,这些人员有一个共同特征,即均为具备一定法律技能和法律服务经验的法律专业人员,大都比较熟悉甚至精通法律,另一方面,他们行为的内容均具有较强的法律专业性。

(5)法律援助是法律化、制度化的行为,是国家社会保障制度中的重要组成部分。

知识链接

法律援助特征充分体现了我国法律援助的广泛性,证明了我国社会主义制度的优越性以及旺盛的生命力。公平的法律制度是推动社会前进的巨大推力,而法律援助制度特意偏向生活困难人群和其他特殊人群,有力地保证了我国法律的公平和进步。

104.法律援助的形式和经费来源有哪些?

我国法律援助的具体形式包括:法律咨询、代拟法律文书;刑事辩护和刑事代理;民事和行政诉讼代理;行政复议代理、仲裁代理及其他非诉讼事务代理;出具公证证明;其他形式的法律服务等。

法律援助的经费来源为以国家财政拨款为主,社会各界人士自愿资助的多渠道、多方式筹集为辅。为争取更多的社会捐赠,国家税务总局专门就纳税人向中国法律援助基金会的捐赠资金按照法律法规规定的比例在所得税前扣除。国际上主要有缓交、减交或免交诉讼费用,减交或免交律师费用,减交或免交公证费用等。

知识链接

我国法律援助事业虽然取得了较大发展,但依然存在以下问题:①经费严重短缺。②人员远远不足。③县级地方的法律援助工作前景甚忧。④整体水平有待提高,现有的法律援助主要还局限在诉讼领域,即帮人打官司。⑤法律援助中心的律师身份尴尬。其中,以经费严重短缺问题最为突出。政府应出台相关优惠政策和相关奖励,以推动法律援助事业的发展。

105. 法律援助的机构和实施主体有哪些?

我国法律援助机构已基本形成了四级组织架构:在国家一级,建立了司法部法律援助中心,对全国的法律援助工作实施指导和协调。司法部法律援助中心主要负责对法律援助工作进行业务指导,制定全国性的法律援助规章制度、中长期发展计划和年度工作计划,协调全国法律援助工作事宜,开展与国外法律援助团体及人士的交流活动等。在省级地方,建立省(自治区、直辖市)法律援助中心,对所辖区域内的法律援助工作实施指导和协调。在地、市(含副省级)地方,建立地区(市)法律援助中心,行使对法律援助工作的管理和组织实施的双重职能。在具备条件的县、区级地方,建立县(区)法律援助中心,具体组织实施本地的法律援助工作。在不具备建立法律援助机构条件的地方,由县(区)司法局具体组织实施法律援助工作。

中国法律援助的三个专业实施主体是律师、公证员、基层法律工作者。律师主要提供诉讼法律援助(包括刑事辩护、刑事代理和民事诉讼代理等)和非诉讼法律援助;公证员主要提供公证事项的法律援助;基层法律工作者主要提供法律咨询、代书、普通非诉讼事项的帮助等简易法律援助。

知识链接

建立和实施法律援助制度,是加强民主和法制建设的客观要求,是实现社会公正和社会正义的重要法律措施。其意义如下:

(1)体现了国家对法律赋予公民的基本权利的切实保障,有利于实现法律面前人人平等的宪法原则。

(2)法律援助制度为诉讼当事人提供平等的司法保障,有利于实现司法公正。

(3)法律援助制度有利于健全和完善我国的法律制度。

(4)法律援助制度有利于健全和完善社会保障体系,保障社会稳定,促进经济发展和社会和谐建设。

106. 法律援助的程序有哪些?

根据司法部的有关规定,法律援助操作的一般程序为:申请、审查(受理)、决定(指派)、(提供)援助、结案(归档)等。

(1)申请:法律援助应当由当事人填写法律援助申请表进行申请,申请后由义务机关所在地、义务人住所地或者被请求人住所地的法律援助机构依法受理。

(2)审查(受理):法律援助中心自受理申请书后的7日内对申请进行审查。对审查中发现的问题可要求当事人提供补充材料或者亲自调查,同时要求与案件有利害关系的法律援助人员回避。

(3)决定(指派):对审查通过的法律援助申请,在申请人与法律援助中心签订协议后,指派相应法律援助人员提供服务。

(4)(提供)援助:接受法律援助任务后,法律援助服务人员依照规定履行职责,为受援人提供相应服务。其认为需要异地调查取证的,可以向作出指派或者安排的法律援助机构报告,该机构可以请求调查取证事项所在地的法律援助机构协作。

(5)结案(归档):援助事项办理完毕后,法律援助承办人员应当自结案之日起30日内向法律援助机构提交立卷材料。法律援助机构应当自收到其提交的立卷材料之日起30日内进行审查。对于立卷材料齐全的,应当按照规定通过法律援助人员所属单位向其支付办案补贴。

《法律援助条例》规定:公民申请代理、刑事辩护的法律援助应当提交下列证件、证明材料:身份证或者其他有效的身份证明,代理申请人还应当提交有代理权的证明;经济困难的证明;与所申请法律援助事项有关的案件材料。

申请应当采用书面形式,填写申请表;以书面形式提出申请确有困难的,可以口头申请,由法律援助机构的工作人员或者代为转交申请的有关机构工作人员作书面记录。

法律援助机构收到法律援助申请后,应当进行审查;认为申请人提交的证件、证明材料不齐全的,可以要求申请人作出必要的补充或者说明,申请人未按要求作出补充或者说明的,视为撤销申请;认为申请人提交的证件、证明材料需要查证的,由法律援助机构向有关机关、单位查证。

知识链接

需要注意的是,对符合法律援助条件的,法律援助机构应当及时提供法律援助;对不符合法律援助条件的,应当书面告知申请人理由。

107. 国家司法救助的基本原则有哪些?

国家司法救助应遵循以下基本原则:

(1)坚持辅助性救助。国家司法救助是对遭受犯罪侵害或民事侵权,无法通过诉讼获得有效赔偿的当事人采取的辅助性救济措施。重点解决符合条件的特定案件当事人生活面临的急迫困难。对同一案件的同一当事人只进行一次性救助。对于能够通过诉讼获得赔偿、补偿的,一般应当通过诉讼渠道解决。

(2)坚持公正救助。严格把握救助标准和条件,兼顾当事人实际情况和同类案件救助数额,做到公平、公正、合理救助,防止因救助不公引发新的矛盾。

(3)坚持及时救助。对符合救助条件的当事人,办案机关应根据当事人申请或者依据职权及时提供救助,确保及早化解社会矛盾。

(4)坚持属地救助。对符合救助条件的当事人,不论其户籍在本地或外地,原则上都由案件管辖地负责救助。

知识链接

国家司法救助充分体现了我国法律的公平性和优越性,保证了公民合法权益不受侵害,个人的基本权益得到了稳固保障,有力地推动了我国社会主义和谐发展和社会司法的进步。

108.国家司法救助的对象有哪些?

下列人员向国家司法机构提出救助申请的,应当予以救助:

(1)刑事案件被害人受到犯罪侵害,致使重伤或严重残疾、因案件无法侦破造成生活困难的;或者因加害人死亡或没有赔偿能力,无法经过诉讼获得赔偿,造成生活困难的。

(2)刑事案件被害人受到犯罪侵害危及生命,急需救治,无力承担医疗救治费用的。

(3)刑事案件被害人受到犯罪侵害而死亡,因案件无法侦破造成依靠其收入为主要生活来源的近亲属生活困难的;或者因加害人死亡或没有赔偿能力,依靠被害人收入为主要生活来源的近亲属无法经过诉讼获得赔偿,造成生活困难的。

(4)刑事案件被害人受到犯罪侵害,致使财产遭受重大损失,因案件无法侦破造成生活困难的;或者因加害人死亡或没有赔偿能力,无法经过诉讼获得赔偿,造成生活困难的。

(5)举报人、证人、鉴定人因举报、作证、鉴定受到打击报复,致使人身受到伤害或财产受到重大损失,无法经过诉讼获得赔偿,造成生活困难的。

(6)追索赡养费、扶养费、抚育费等,因被执行人没有履行能力,造成申请执行人生活困难的。

(7)对于道路交通事故等民事侵权行为造成人身伤害,无法经过诉讼获得赔偿,造成生活困难的。

(8)党委政法委和政法各单位根据实际情况,认为需要救助的其他人员。此外,涉法涉诉信访人,其诉求具有一定合理性,但通过法律途径难以解决,且生活困难,愿意接受国家司法救助后息诉息访的,可参照执行。

知识链接

需要注意的是,申请国家司法救助并非申请即可通过。申请国家司法救助的人员,具有以下情形之一的,一般不予救助:对案件发生有重大过错的;无正当理由,拒绝配合查明犯罪事实的;故意作虚伪陈述或者伪造证据,妨害刑事诉讼的;在诉讼中主动放弃民事赔偿请求或拒绝加害责任人及其近亲属赔偿的;生活困难非案件原因所导致的;通过社会救助措施,已经得到合理补偿、救助的。对社会组织、法人,不予救助。

109. 国家司法救助的方式有哪些？

国家司法救助的主要方式是支付救助金。同时，与思想疏导、宣传教育相结合，与法律援助、诉讼救济相配套，与其他社会救助相衔接。有条件的地方，积极探索建立刑事案件伤员急救“绿色通道”、对遭受严重心理创伤的被害人实施心理治疗、对行动不便的受害人提供社工帮助等多种救助方式，进一步增强救助效果。

知识链接

由于各个地方的经济发展水平不一样，因此，各地的司法救助方式有所区别。在救助方式上，除发放救助金外，各地方司法部门还可与法律援助、教育援助、就业援助、民政援助等部门相对接，构建立体全方位的司法救助体系，延伸国家司法救助工作的广度，以更好地服务于民。

110. 国家司法救助的标准有哪些？

各地应根据当地的经济社会发展水平制定具体救助标准，以案件管辖地上一年度职工月平均工资为基准，一般在36个月的工资总额之内。损失特别重大、生活特别困难，需适当突破救助限额的，应严格审核控制，救助金额不得超过人民法院依法判决的赔偿数额。

知识链接

国家司法救助本质上是社会保障体系的一部分，不是国家赔偿，也不是国家代为进行民事赔偿。其实质是临时性社会保障措施，其前提是有关刑事案件或者民事侵权案件的发生，且当事人受不法侵害导致人身伤害或重大财产损失，其目的是帮助当事人摆脱生活面临的急迫困难，是直接针对案件的被害人采取的一次性救助，不针对同一对象长期适用或者多次反复进行，不取代社会保障。

111.残疾人的社会救助需求有哪些?

残疾人在认识环境、生活自理、经济自立和社会交往等方面存在不同程度的障碍和困难，是一个规模巨大的、迫切需要得到国家和社会帮助的弱势群体。其社会救助需求主要有以下方面：

(1)生活保障需求。生活保障需求是残疾人最基本的社会救助需求。残疾人因丧失部分或全部劳动能力，缺乏个人收入，生活处于无保障的状态，他们希望在国家和社会的帮助下解决温饱问题，有尊严地生活。

(2)康复需求。残疾人希望借助医学治疗、辅助器械等方式，改善或恢复受损器官与功能，增强生活自理或参加社会活动的信心与能力。

(3)就业需求。劳动就业是残疾人自己养活自己的重要途径，是其全面参与社会活动的基础，是残疾人实现自身权益和价值的关键。他们希望国家和社会兴办残疾人福利企业等，安排残疾人集中就业。

(4)教育需求。作为社会公民，残疾人也有接受教育的需求。这就要求社会应面向残疾人投入基础设施、人力物力等教育资源。

(5)社会服务需求。户外活动以及适当地参与各项社会活动是残疾人生活的重要方面，但他们比一般人更需要无障碍设施，优先照顾和特殊照顾等社会服务。

知识链接

根据《中华人民共和国残疾人保障法》规定，残疾人是指在心理、生理、人体结构上，某种组织、功能丧失或者不正常，全部或者部分丧失以正常方式从事某种活动能力的人。残疾人包括视力残疾、听力残疾、言语残疾、肢体残疾、智力残疾、精神残疾、多重残疾和其他残疾等类别。

112. 残疾人社会救助理念的内容有哪些？

残疾人社会救助理念的主要内容如下：

(1)供养理念。人们通常认为，对于残疾人，特别是失去劳动能力的残疾人，最好的办法是由他们的家人或社会将其供养起来。在经济欠发达的国家和地区，这种供养仅限于完全丧失劳动能力的残疾人；在经济发达的国家和社会，残疾人的供养范围会根据供养能力有所扩大。尽管不同社会对残疾人供养的内容和水平有不同，但是一般说来，这种供养大多限于经济方面或者物质方面，而对残疾人的精神需求和自身能力等方面估计不足。

(2)回归社会理念。回归社会理念是针对将残疾人封闭起来进行供养和照顾产生的弊病而提出来的。解决该问题的方法是让残疾人主动走出封闭，回归社会。受回归社会理念的影响，改变院舍照顾这种既昂贵、效果又差的救助模式的观念逐渐被广泛接受，让残疾人回到熟悉的社区中接受照顾，让他们在一般的社会中过正常的生活成为普遍选择。

(3)增能理念。增能理念认为，残疾人供养及照顾理念，把服务对象看做脆弱群体，忽视了残疾人的潜能、自立诉求和发展。增能理论站在

“人的发展”的立场上,认为通过一定的方法可使残疾人在一定程度上恢复失去的机体的、社会的功能,并过上一般的、正常的社会生活。增能的作用不仅可以恢复残疾人原本丧失的机体功能,而且还可以增强他们的生活信心。增能的方式多种多样,比如康复训练可以使残疾人已丧失的部分机体功能得以恢复,教育和培训可以发掘残疾人的潜能,激发他们的学习兴趣和生活动力。

知识链接

残疾人社会救助理念的目的是为了更好地服务于残疾人,为广大残疾人提供更丰富实际的救助服务。残疾人社会救助理念的更新,有利于推动残疾人社会救助事业的快速发展,进一步完善我国特殊人群社会救助制度。

113. 残疾人社会救助的内容有哪些?

残疾人社会救助的主要内容如下:

(1)生活救助。在生活救助方面,国家和社会采取扶助、救济和其他福利措施,保障和改善残疾人的生活,具体措施包括对无劳动能力、无法定扶养人、无生活来源的残疾人按照规定予以供养、救济;开办福利院和其他安置收养机构,按照规定安置收养残疾人,改善其生活;减免农村残疾人的义务工、公益事业费和其他社会负担。

(2)残疾人康复。残疾人康复是指通过治疗、训练等方式,改善、恢复和补偿残疾人的各项身体功能,使其减轻能力障碍,获得最大限度的日常生活能力,为其重新参与社会生活提供身体方面的必要条件。

残疾人康复的具体内容包括：诊断和处理；医疗和护理；社会、心理和其他方面的咨询和协助；进行自理训练，包括行动、交往及日常社会技能；提供辅助器械、行动工具及其他设备；开发和运用社会各种资源，开展康复工作训练计划，以充分满足残疾人及其家属的需要。

(3)残疾人教育。残疾人教育是指国家和社会保障患有残疾的儿童、青年和成年人享有平等的初等教育、中等教育和高等教育机会，使残疾人教育成为教育系统的一个组成部分。《关于残疾人的世界行动纲领》指出：会员国应保证残疾人有平等接受教育的机会，包括使最严重残疾的儿童享受义务教育。残疾人教育包括残疾人基础教育、残疾人特殊教育、残疾人职业教育、成人教育和残疾人高等教育。在教育方式上，国际社会强调凡可以接受普通教育的残疾人，尽量进入普通学校；对不具有接受普通教育能力的残疾人进行特殊教育和培训。

(4)残疾人就业。按照《残疾人就业条例》的界定，残疾人就业是指符合法定就业年龄有就业要求的残疾人从事有报酬的劳动。国家对残疾人就业实行集中就业与分散就业相结合的方针。目前，城市残疾人就业有三个主要渠道：一是在福利企业中集中就业；二是在机关、团体、企业、事业单位等组织中按比例就业；三是在社区和民办非企业单位就业或从事个体经营。农村残疾人则从事种植业、养殖业或家庭手工业等以获得报酬。

(5)残疾人社会服务。残疾人社会服务是指社会为方便残疾人生活，满足残疾人物质文化生活需要，为残疾人提供各种无障碍设施、信息交流无障碍服务、各种优先服务和照顾。残疾人社会服务的主要项目包括：国家和社会为保证残疾人享用公共建筑、公共设施、公共住房和公共交通工具而专门提供的无障碍设施，如盲道、坡道、残疾人专用电梯等；为残疾人接受和传播信息而提供的信息交流无障碍服务，如盲文、手语、字幕、特殊通讯设备等辅助技术或替代技术;为残疾人享用公共设施、公共交通工具,进入博物馆、图书馆、旅游景点等提供的减免费照顾;公共服务机构为残疾人提供的优先服务和辅助性服务,如指定的停车场、座位、购物优先等;为残疾人参与文化体育活动创造机会、条件和提供服务;为残疾人提供的法律等服务;在全社会提倡和实现人道主义精神,消除对残疾人的歧视和偏见,激励残疾人自强自立,建立和谐的社会生活环境;鼓励和促进残疾人参与社会的政治生活,保障其政治权利。

知识链接

在残疾人社会救助中,提高残疾人受教育水平是残疾人救助的重中之重,是残疾人全面实现自身价值的基本条件,也是社会进步的表现和衡量一个国家教育发展水平的标志之一。实践证明,无论是对残疾儿童的特殊教育,还是对成年残疾人的职业技术教育,都能极大地提高残疾人的自身综合素质,缩小与健全人的差距,使残疾人能较快地融入社会,增强其生存能力。从残疾人的角度看,接受特殊教育是他们应该享有的一项基本权利。通过接受代偿性训练,可以在一定程度补偿丧失的感官功能,为进一步接受教育、参加正常的社会生活创造条件。从社会的角度看,对残疾人进行教育、训练,使他们获得基本的生活能力和一定的谋生能力,有利于社会的和谐发展。

114.贫困老人的救助原则有哪些?

开展贫困老人社会救助的过程中,应遵循以下原则:

(1)保障基本生活,动态调整原则。贫困老人的社会救助是一个逐步被满足的过程:一是贫困老人社会救助需求的内容随着整个社会基本生活需求的调整而调整;二是贫困老人社会救助需求应与社会对需求的实际满足能力和经济社会发展水平相适应。当前应重点解决贫困老人的吃穿住行医等基本生活问题,随社会经济的发展再逐步扩大救助范围,提高救助水平。

(2)分类救助原则。一是地区之间经济发展水平的差异导致贫困老人社会救助标准和内容存在差异。我国各省区在收入和生活水平上存在比较大的差距。在这种情况下,各地救助标准和救助内容不能强行统一。各地应根据本地区的条件合理确定贫困老人社会救助的标准和救助内容。二是家庭类别,年龄的不同导致贫困老人社会救助需求不同。独居户与二代户、三代户中的老年人的社会支持网络、基本生活成本不同;低龄老人与高龄老人在生活、照料、医疗方面的需求也不同。家庭类型和年龄的差异,必然导致对贫困老人的社会救助标准和救助内容区别对待。

(3)权责明确原则。贫困老人社会救助应合理划分政府、社会、家庭和贫困老人个人四方面的责任,防止社会救助责任主体的混淆以及由于救助各方对职责的推诿所导致贫困救助的高成本、低成效。

(4)资源整合原则。贫困老人救助隶属于社会救助,建立贫困老人救助模式不是对现有社会救助模式的替代,而是对现有社会救助模式的补充和完善。因此,贫困老人救助要纳入现行社会救助体系,在充分依托现有社会救助的组织机构、管理体制、工作程序、基础设施和服务手段的基础上,对具体内容进行适度调整,以体现出贫困老人社会救助在制度安排方面的特殊性和针对性。

知识链接

我国虽然是世界第二大经济体,但仍然属于发展中国家。换言之,我国是在经济水平尚不发达的背景下进入人口老龄化社会的，老人人力资本的缺失以及不可抗力等因素的共同作用，使得贫困老人问题凸显出来。从人口学特征看，贫困老人中，女性贫困人口远远多于男性；高龄老人的贫困比例高于低龄老人的贫困比例；农村老人的贫困比例高于城市老人的贫困比例；农村少数民族老人的贫困比例高于汉族老人的贫困比例；受教育程度低的老人遭受贫困的风险明显高于受教育程度高的老人；无论是城市还是农村，夫妇双方健在，并在一起共同生活的老人发生贫困的比例较低，独身老人发生贫困的比例最高。

115. 贫困老人的救助形式有哪些？

从救助主体角度，可以将贫困老人社会救助的形式分为两类：一是政府力量对贫困老人的社会救助，主要包括制度性的社会救助措施，开发式助老扶贫以及针对特殊群体的专项救助措施。二是社会力量对贫困老人的救助，主要有以下形式：公益性社会组织救助、自助互助、志愿服务以及个人结帮扶，认养助养贫困老人等。

知识链接

贫困老人是我国社会救助群体中比较特殊的群体，除了依靠政府行政力量、社会组织机构救助等，还应积极发挥社会力量在老年贫困救助中的作用，推动各地老年基金会等社会团体、企事业单位和个人开展慈善救助和社会互助，创造结对帮扶、认养助养、志愿服务、走访慰问等多种救助形式，为贫困老年人提供多样化扶助。

116. 贫困老人救助的内容有哪些?

贫困老人救助的主要内容如下:

(1)最低生活保障制度。即把贫困老人优先纳入到最低生活保障范围,确保应保尽保。贫困老人低保金标准应该比一般救助对象高出10%~20%。对有特殊困难老人,比如空巢贫困家庭中的老人、子女下岗失业家庭中的老人、失地贫困农民家庭中的老人、子女残疾家庭中的老人,以及高龄贫困老人适当提高低保救助标准。考虑到人民生活水平的逐年提高和物价不断上涨等因素,最低生活保障标准应每年进行调整。此外,应当在源头上采取一些防范措施,避免过多老人由于制度不健全,不落实或其他人为因素陷入贫困、纳入低保,从而增加保障负担。

(2)医疗救助。对农村五保老人和城镇三无老人(无生活来源、无劳动能力、无法定赡养人)的门诊和住院等医疗费用由政府全包,即由主管医疗救助的民政部门实报实销。在城镇对一般低保家庭中的贫困老人,其大病门诊和住院发生的费用,个人负担超过一定额度的,应按比例给予救助。在农村,开展新型农村合作医疗的地区,贫困老人可免缴或只交纳部分资金,参加当地合作医疗,享受合作医疗待遇,因患大病经合作医疗补助后个人负担医疗费用仍然过高,个人或家庭无力承担的再给予适当的医疗救助。在尚未开展新型农村合作医疗的地区,对因患大病个人负担费用难以承担,影响家庭基本生活的,给予适当医疗救助。同时与其他医疗救助对象相比,贫困老人应当享受适当的优惠,比如在享受医疗救助时,适当降低个人应负担的额度限制,提高个人应负担限额之外医疗费用的救助比例,提高合作医疗补助额度等。设立"贫困老年人专项医疗救助资金"创立专门为贫困人口服务的福利医院或慈善医院,开展老年群体医疗互助以及社会慈善医疗救助等多种形式，对贫困老人开展医疗救助。

(3)生活照料。改造现有为老服务设施，改变服务模式，充分挖掘现有为老服务设施的潜力。应当采取国家、集体、企业、个人多渠道筹措资金，以多种所有制形式，共同投资开发老年服务设施和老年服务业，推动发展托老服务，医疗保健服务、日常生活照料服务、老人互助服务等多种形式的社会化服务项目或形式。在此基础上，采取各种有效形式开展对贫困老人的居家养老服务、提供生活照料。同时，不断加强基层社区老人协会组织的建设，积极开展老年互助活动。政府应加强对农村地区敬老院建设的投入，对生活自理有困难的五保老人实行集中供养。

(4)住房救助。在农村将住房维修和新建工作纳入农村贫困老人救助的范围，实施“安居工程”，采取政府投资、社会捐助、集体补贴等形式筹集资金，为居住危房和居无定所的贫困老人免费修葺或兴建住房，改善贫困老人的住房条件。在城镇，对贫困老人的住房救助可采取两种制度：一是租金减免制度。由民政部门出具证明，对贫困老人家庭减免公有住房租金。二是廉租房制度。在这种制度下主要有两种形式：一是实物配租，即政府提供住房，租金减免；二是资金配租，即按人均居住面积最低标准计算，不足部分由政府按中心城区的标准给予现金补助，供其另租住房。

(5)法律援助。逐步建立较为完善的老年法律援助、法律服务组织网络，为符合条件的贫困老人就地就近、及时提供优质法律援助和法律服务。法律援助机构对贫困老人提出的法律援助申请，应依法及时受理，简化程序，优先审查，做到“应援、尽援、优援”。法院、检察院和公安等部门应减免为贫困老人办理法律援助案件中的调查取证等收费，多方降低办案成本，努力构筑“法律援助绿色通道”。

(6)贫困老人优待措施。政府在为贫困老人提供救助的同时,应出台对贫困老人的优待帮扶政策,降低其生活费用。贫困老人除享受低保金救助外,应享受家庭成员就业、就医、就学等优待政策。对由贫困老人抚养、在中小学就读的孙子女,应减免其学习费用,使他们不至于因贫辍学。优先安排贫困老人家庭的下岗失业子女,以增强其家庭赡养能力。

知识链接

除了上述方法可以救助贫困老人,还可以进行开发式助老扶贫。简而言之,就是对具有一定劳动能力的低龄贫困老人,尤其是农村贫困老人,采取发展式扶贫救助的办法。建立起政府主导和协调的非政府组织,私人机构和社区组织等多方参与的扶贫网络。具备条件的地区,应积极扶持发展老年经济实体,优先吸收贫困老人就业,并为贫困老人提供就业介绍和创业辅导等服务。政府应增强对助老扶贫项目的管理和服务职能,做好扶贫项目的先期立项以及中后期的动态跟踪、评估、反馈和服务工作,选择适合贫困老人的投资少、见效快、效益好的种植、养殖以及加工等项目;加强对贫困老人的技术培训、指导和市场信息供给;注意物质扶贫与精神扶贫相结合;对项目在用地审批、资金供给、税收、公共设施费用等方面提供优先、优惠或减免。

117. 流浪乞讨人员如何界定?

流浪乞讨人员是指以流浪、乞讨方式度日的生活无着落人员。按照法律相关规定,可分为以下七种类型:

(1)贫困流浪乞讨者。贫困流浪乞讨者人数虽然不占多数,但其生存状况恶劣,自身发展能力匮乏,逐步演变成职业乞丐的可能性很大。

(2)疾病流浪乞讨者。疾病流浪乞讨者包括:精神疾病流浪者、无力负担医药费乞求集资的重病者、遭家人遗弃在街头乞讨度日等死的绝症患者、为亲人筹集医药费而流浪乞讨的人员等。疾病流浪乞讨者是极度困难的人群。

(3)短期流浪乞讨者。短期流浪乞讨者包括:进城打工一时找不到工作的人,一些失业者,进城被偷、骗、盗、抢的人,寻找父母、兄妹等家人未果而流落街头的人。其中,失业者及被偷、骗、盗、抢的人占短期流浪者中相当大的比例。短期流浪乞讨者并不甘心目前的结局,所以他们会在不同城市间反复流动,继续寻找工作机会。短期流浪乞讨者一般不会向职业乞丐流动。

(4)反复流浪乞讨者。反复流浪乞讨者是指以自身的技能、残疾、疾病、意愿为依托,认同并主动选择流浪乞讨为生活方式的人员。反复流浪乞讨者往往具备满足乞讨的一技之长,如某些技艺,有的将自身残疾作为乞讨的工具,有的能掌握行人的心理,懂得用各种伪装的方法强行索要。反复流浪乞讨者愿意以乞讨为生,并伴有恶性乞讨、举家乞讨,甚至有小偷小摸现象。

(5)违法流浪乞讨者。违法流浪乞讨者是指违反《社会治安管理条例》情节严重,以挟持儿童作为乞讨工具的乞丐团伙组织者或以乞讨为掩护的偷盗团伙组织者。他们具有如下特征:①拥有组织资源;②“丐头”收入较高;③掌握了一批能从事乞讨的儿童人力资源;④有社会关系网络和社会资本资源。“丐头”指挥他的组织系统,教唆、胁迫、租借、贩运未成年儿童和残疾儿童乞讨乃至行窃,让这些儿童为之带来丰厚利益。

(6)越轨流浪乞讨者。越轨流浪乞讨者可以分为三类:一类是团伙乞丐。他们是为相互依靠自觉自愿聚集在一起的,主要的乞讨手段是团伙合作欺骗行人、强讨恶要等；第二类是游手好闲的流浪者，一边乞讨一边捡垃圾，为抢夺地盘、资源大打出手，有的一边乞讨一边干些偷盗的营生，这类乞丐以青少年为主，身强力壮，智力正常，已经十分认同流浪乞讨生活。第三类是参与挟持儿童，将儿童作为乞讨工具的人员。

以上三类人都不同程度存在坑、蒙、拐、骗、偷、盗、参与挟持儿童为特征的行乞行为。与违法行乞者相比，他们具有违反社会准则，违反公共秩序及违法倾向，但只是参与者、跟随者，违法程度相对低，所以不将他们列为违法流浪乞讨者。

（7）未成年流浪乞讨者。未成年流浪乞讨者是指年龄在18岁以下，脱离家庭和离开监护人的看护，流落到社会上超过24小时，失去基本生存和可靠保障而陷入困境的少年和儿童。

知识链接

流浪乞讨的危害主要表现在以下方面：

（1）影响社会稳定。流浪乞讨人员一般是社会最贫穷的人群，当他们不能维持基本的生存时，往往容易铤而走险，在社会上为非作歹。他们中不乏借乞讨之名、行违法犯罪之实的犯罪分子，从而会在一定程度上破坏我国所建立的社会和谐的大环境。

（2）削弱了社会大众的同情心及对弱势群体的关注与救助。由于对流浪乞讨人员乞讨者的身份，其经历、贫穷的真实性真假难辨，导致部分社会大众拒绝捐助流浪乞讨人员。这种漠然久而久之就会导致社会大众对弱势群体的关注与救助变得薄弱，而且这种被削弱的同情心影响到青少年，尤其是儿童，将对社会产生重大影响。

（3）引发其他社会问题。流浪乞讨人员素质低下问题，以及由家族化乞讨所引发的家庭伦理等社会问题，都应引起我们的重视。

118. 流浪乞讨人员社会救助制度的内容有哪些?

2003 年,我国颁布了《城市生活无着的流浪乞讨人员救助管理办法》(以下简称《救助管理办法》),并于 2003 年 8 月 1 日施行,同时废止《收容遣送办法》。从《救助管理办法》的文本内容来看,它是对《收容遣送办法》某种程度的替代和改进,而这种替代和改进与《收容遣送办法》已不适应我国社会发展的需要及在收容遣送中出现的问题有关。

从管制性的收容遣送到社会救助,体现了流浪乞讨人员社会救助制度的进步,这种进步具体体现在以下方面:第一,平视受助对象而不是污化受助对象。《救助管理办法》用比较平等的眼光去看待受助对象,认为他们在城市生活中遇到了暂时困难,而不是他们的本性有问题。第二,救助而不是管制。在工作方法上,重点是帮助生活无着落者度过困难,帮助他们恢复正常生活,而不是把他们视为社会秩序的破坏者而进行管制;对流浪乞讨人员的救助管理基本上脱离了公安系统,而由民政部门负责,基本上排除了管制的成分,这是本质性的变化。第三,给受助者以选择的权利。《救助管理办法》给予流浪乞讨者向救助站求助的自由,规定他们的合法权益不能侵犯,从而把受助者的意愿(诉求)置于重要地位,这体现了现代社会福利制度对人的尊重。第四,政府承担社会责任。《救助管理办法》反映了政府的责任意识,从经费保障到提供服务,政府基本承担了全部责任,这在一定程度上摒弃了个人责任观,符合现代社会救助的主流意识形态。

知识链接

建立流浪乞讨人员救助制度，可以稳定社会环境，创造有利的发展局面。其主要意义如下：

(1)保障公民的生存权利。通过对救助对象、范围、标准等方面的规定，保障流浪乞讨人员的基本生存权利。

(2)推动城市资源的公平配置与使用。推动城市资源的公平配置与使用，可以最大化地共享社会成果，从制度上预防和缓解社会矛盾。

(3)推动社会价值的良性转变，维护社会公平，实践社会正义。

119. 流浪乞讨人员社会救助管理流程有哪些？

流浪乞讨人员社会救助管理流程如下：

(1)申请救助。符合条件的流浪乞讨人员自愿到救助站申请救助。公安机关和其他有关行政机关的工作人员在执行职务时发现流浪乞讨人员的，应当提醒其向救助站求助；对其中的残疾人、未成年人、老年人和行动不便的其他人员，还应当引导、护送到救助站。流浪乞讨人员申请救助时应当如实提供本人情况，如姓名、性别、年龄、民族、身份证号码、健康状况、户籍所在地、经常居住地、享受社会保障情况、流浪乞讨经过、联系人情况等。

(2)核实登记。救助站向求助的流浪乞讨人员告知救助对象的范围和实施救助的内容，对属于救助对象的，让其填写《求助人员申请救助登记表》;对不属于救助对象的,不予救助并告知其理由。对因年老、年幼、残疾等原因无法提供个人情况的,先提供救助,再查明情况。对拒不如实提供个人情况的,不予救助。

(3)实施救助。救助站根据受助人员的需要无偿提供下列救助:①提供符合食品卫生要求的食物;②提供符合基本条件的住处;③对在站内突发急病的及时送医院救治;④帮助与其亲属或者所在单位联系;⑤对没有交通费返回其住所地或者所在单位的,提供乘车凭证。救助期限一般不超过10天。对于自愿终止救助的,及时终止救助;对受助期满且无正当理由拒绝离站的,终止救助。

(4)管理教育。对受助人员进行教育,教育他们遵守国家相关法律法规、公民道德建设实施纲要和站内规章制度。通过教育,使其树立劳动光荣的思想,依靠自己的劳动自食其力,回归主流社会。

(5)离站返乡。受助人员返回常住户口所在地、住所地或者所在单位时没有交通费的,由救助站发给乘车(船)凭证;对无行为能力不能自己返乡的受助人员通知其亲友或流出地民政部门接回。

知识链接

完善流浪乞讨人员社会救助管理流程,可以有效地减少社会上的流浪乞讨人员,使流浪乞讨人员能得到及时有效的照顾,减少社会的潜在安全风险,促进社会和谐发展。

120. 流浪乞讨人员社会救助的形式有哪些?

我国对流浪乞讨人员实施分类救助,其主要形式如下:

(1)针对贫病流浪乞讨者、短期流浪乞讨者、部分反复流浪乞讨者,可提供小额资金援助等补救性救助。救助金额要根据情况而定,针对"被偷盗骗""投亲不遇"等原因的被救助者,提供免费食宿和往返路费;针对需要小额资金援助的被救助者,提供三个月被救助地最低生活保障金。凡接受过小额资金援助的人员继续流浪,可采取集中安置、参加劳动的方法,让他们在自食其力的过程中积累资金,培养积累资金的能力。同时剥夺小额救助资金的援助资格。

(2)除疾病流浪乞讨者、儿童流浪乞讨者之外,对其他流浪乞讨人员实施开发式救助。开发式救助是指通过就业、学习技术、参与劳动等过程,对流浪乞讨人员能力进行再开发,最终帮助其回归主流社会。开发救助的性质为再就业技能孵化,最终目的是培养出一个新型的合格劳动者。

(3)对自觉选择并执意流浪乞讨生活的反复流浪乞讨者、越轨流浪乞讨者实行维持基本生存的有限救助,同时提供心理辅导和行为干预,促使其承担行为责任。其救助方式如下:①街头救助。这是对习惯选择流浪作为生活方式的人员实行的一种低水平救助。所谓低水平救助,是指在一定时间内提供免费食品,天寒地冻时提供一些御寒衣物等。②限制乞讨。乞讨地点、方式等都不是无限的,要受到一定限制。③规范行乞。行乞作为一种行为选择可以允许其存在,但应该受到现代契约社会的特殊限制,以保证行乞行为和普通行为之间达成妥协。

(4)对部分越轨流浪乞讨人员提供集中安置,促使其参加劳动。这既是一种有目的的劳动力迁移方法,又是一种行为干预方法。通过劳动让他们积累资金,促使其形成新的行为模式,缓解对流浪乞讨行为的依赖。

(5)针对精神疾病流浪者、流浪儿童实施全面收养。对精神疾病流浪者的收容,关键是要建立精神疾病医院、社区工疗站、家庭三者之间的联系制度,以及争取政府资金援助。对流浪儿童要实行收养与教养相结合的制度。

(6)对挟持儿童和他人进行乞讨的丐帮头目要实施打击。严厉打击的对象应该是胁迫儿童、残疾儿童进行乞讨的"幕后人员",借乞讨之名行盗窃、抢劫等违法之实的乞讨团伙组织者。

知识链接

救助站应当根据受助人员的需要提供下列救助:

(1)提供符合食品卫生要求的食物。

(2)提供符合基本条件的住处。

(3)对在站内突发急病的,及时送医院救治。

(4)帮助与其亲属或者所在单位联系。

(5)对没有交通费返回其住所地或者所在单位的,提供乘车凭证。

第八章　社会互助与社会救助管理

121. 社会互助的特征有哪些?

社会互助具有自愿性和非营利性的特征,具体而言体现在以下方面:①自愿性。自愿性意味着社会成员的互助行为不是强制的、被迫的,而是以自愿精神为背景的利他主义和互助主义。②非营利性。非营利性是指社会互助行为的内在驱动力不是利润动机,而是希望满足社会成员的特定需要,为特定社会成员提供能够满足其需要的服务或商品。

知识链接

社会互助是指在政府的鼓励和支持下,社会团体和社会成员自愿组织和参与的扶弱济困活动。社会互助分为两个层次:一是从人类最为朴素的情感出发,纯粹利他主义的相互支持。二是从功利主义理性出发的相互依存。从人类社会的发展历史看,第一层次的社会互助贯穿人类社会发展的始终,只要有人类社会,就有这种相互支持。第二层次的社会互助从原始社会末期人类社会有了剩余产品之后日渐突出。到了阶级社会后,有了阶级、阶级矛盾和阶级斗争,从理性出发的相互依存就显得极为重要,甚至成为国家的一项重要职责。

122. 社会互助的主要形式有哪些?

从社会互助给予受助者提供的内容方面,可将社会互助分为两个子系统:一是为受助者提供资金的社会互助,包括社会捐赠、海外捐赠、互助基金、义演义赛义卖;二是为受助者提供服务的社会互助,包括邻里互助、团体互助、慈善事业,它们共同构成了社会互助制度。

知识链接

社会救助则是一种正式的、以国家为主体的安全网,主要通过国家财政支持手段保障居民的基本生存权利。社会互助是双向的,主体和对象在不同时间和地点的不同互助行为中有可能发生置换;而社会救助是单向的,是实施救助的主体对救助对象的单向救助行为。社会互助和社会救助都是面向社会弱势群体的支持网络,由于现代社会救助提倡救助主体的多元化,所以一些社会互助行为也被纳入社会救助之中。

123. 为受助者提供资金的社会互助内容有哪些?

(1)社会捐赠。社会捐赠是自然人、法人或其他组织自愿、无偿向公益性社会团体、公益事业和急需救助的群体和公民捐赠财产的行为。社会捐赠主要有两种形式:一是公民个人或企业、事业组织向各种基金会、慈善会等公益性组织及社会团体、科研机构、医院、学校等捐款捐物。二是公民个人之间的捐赠,如公民向有疾病的人、遭受灾害的人以及其他有特殊困难的人群提供物质帮助。

(2)海外捐赠。海外捐赠是指国外的个人或组织出于人道主义或家乡感情向国内的个人、团体、项目等馈赠资金或物资的行为。海外捐赠主要包括两个方面,一是广大华侨、华人和港澳同胞、台湾同胞出于爱国爱乡之情,捐款捐物,造福桑梓,尤其在祖国遭受严重自然灾害时,慷慨解囊。二是来自外国政府和国际组织提供的用于发展经济、救助灾害等方面的资金和物资。

(3)互助基金。互助基金是指为了化解某种风险,有同一风险保障要求的人组成集团,集团成员交纳一定的费用形成基金,用以补偿风险发生时造成的经济损失。随着互助基金事业的发展,互助基金出现了新的变化:一是互助基金的目标由成员自我保障发展到为向基金成员外的弱势群体提供帮助,这种转变使得不少基金会具有公益性质;二是组织形式上由一定群体自发产生到由一定社会团体来组织发动,它使得互助基金在规模和管理上大大加强,更有利于互助基金功能的发挥。

(4)义演义赛义卖。义演义赛义卖是指由社会组织、团体或个人举办的,将其所得全部或大部用于社会救助事业的文艺演出、体育比赛或商业活动。

知识链接

为受助者提供资金的社会互助的主要形式为社会捐赠。社会捐赠应遵循以下原则:

(1)自愿和无偿原则。自愿原则是指自然人、法人和其他组织有决定捐赠或不捐赠以及捐赠什么、捐赠多少的权利,有选择捐赠对象进行捐赠的权利。任何个人或组织,都不能强行摊派或者变相摊派。无偿原则是指从民事行为上看,捐赠是一种赠与行为,受赠人取得捐赠财产,无须向捐赠人偿付相应的代价

(2)尊重捐赠人意愿的原则。捐赠是附有条件的赠与,捐赠人有权

决定捐赠的数量、用途和方式;受赠人按照捐赠人的意愿使用财产是受赠人应尽的义务和职责,不得将捐赠财产挪作他用。

(3)合法、不违背社会公德原则。捐赠应当遵守法律、法规,不得违背社会公德,不得损害公共利益和其他公民的合法权益。

(4)不得侵占原则。公益性社会团体受赠的财产及其增值为社会公共财产,受国家法律保护,任何单位和个人不得侵占,挪用和损毁。

124. 为受助者提供服务的社会互助内容有哪些?

为受助者提供服务的社会互助内容主要包括以下方面:

(1)邻里互助。邻里是人们以地缘关系为基础形成的一种初级社会群体,是生活在同一地域,能经久相处的若干家庭联合体。邻里互助是指邻里之间出于同情而自发地或由社区出面有组织地向急需得到某些服务而不能从正式渠道获得满足的人或家庭提供服务的行为或活动。邻里互助提供的互助服务包括:①生产上的互助。②生活上互相照顾和互相服务。③防卫外来侵害与干扰。④少年儿童社会化服务。如邻里之间对学龄前儿童和小学生的临时看护、学习辅导、入学(托)接送等。

(2)团体互助。团体互助是指由工作单位、基层社区或社会团体组织的以提供义务服务或者互相提供互利服务为目的的活动。一种是社区和单位之间组织的互惠互利服务,如由街道办事处组织服务队,为生活小区或辖区内的写字楼提供物业管理服务。另一种是由社会团体(包括共青团、残疾人联合会、妇女联合会等)组织的有针对性的义务援助。如由共青团组织的"跨世纪工程"青年志愿者活动、基层社区以及以共青团、少先队等出面组织的对孤寡老人和军烈属的包户服务等。

(3)慈善事业。慈善事业是社会广泛参与,慈善组织运作,由社会募捐、项目实施等组成的慈善活动体系。慈善事业是社会保障体系和社会公益事业的重要组成部分,是通过慈善组织的专门化、制度化运作实现社会财富第三次分配的方式。

知识链接

社会互助的界定标准如下:

(1)相互认同和相互依存。

(2)具备行为规范和价值准则。

(3)具有利他主义和功利主义。

(4)返朴归真,回归本质。从人类最朴素的情感出发,秉持纯粹的利他主义。

125. 慈善事业的含义有哪些?

慈善事业是社会生产力发展到一定阶段、社会文明发展到一定程度的产物,受社会历史发展等诸多条件的制约。慈善事业一般是指建立在捐献基础上的民营社会性救助事业。它通过合法的社会中介组织,以社会捐献的方式,按特定的需要,把可汇聚的财富集中起来,再通过合法途径,用于无力自行摆脱危困的受助者。现代社会中,慈善事业以社会成员的慈爱之心为道德基础,以人道主义为思想基础,以社会捐助为经济基础,以民间公益团体为组织基础,以社会成员的广泛参与为发展基础,已成为社会第三次分配的重要形式和社会保障的必要补充。

知识链接

一般来说,慈善包括以下要素:①意愿或者情感,这属于精神道德层面的内容,慈善具有道德基础,在我国这种道德意向建立在传统儒释道的思想资源之上,在西方这种道德意向则来自于基督教思想。②行动,即意愿在现实中的实现,也就是捐助钱物或提供义务的劳务等行为。③主体,即意愿的持有者和实现者。④客体,即受助者,是指那些因为贫穷、疾病、残疾或自然灾害等原因而身陷困境,无法自我摆脱困境的人。⑤财物,可以是资金、实物,也可以是劳务(如义工的服务)。⑥途径,将以上各因素联系起来的机构或组织,比如各种慈善基金会。⑦制度,即支持、保护和鼓励慈善业发展的法律、政策等。

126. 慈善事业的特征有哪些?

慈善事业具有以下特征:

(1)以社会成员的慈善心为道德基础。

(2)以社会成员之间的收入差距和资源捐献为经济基础,经费来源于私人财富和企业捐助。

(3)以社会性的民间公益团体或公益组织为组织基础。

(4)完全以捐助者的意愿为实施基础,具有极大的自愿性。第一,慈善事业的经费主要来源是社会成员的自愿捐献,任何机构和组织不得强制人们实施捐助行为,捐助者对贫弱者和不幸者捐助与否以及捐助多少,均由捐助者自行决定。第二,慈善组织必须以捐献者的意愿为基础实施慈善项目。只要捐献者的意愿不违背社会公德和法律法规,捐献者有权要求慈善组织将资金等用于其指定的慈善项目甚至指定的救助对象。

知识链接

了解慈善事业的特征,有利于加深对慈善事业的理解。慈善事业是一种有益于社会与人群的社会公益事业,是政府主导下社会保障体系的一种必要补充。是在政府的倡导或帮助、扶持下,由民间的团体和个人自愿组织参与开展活动的、对社会中遇到灾难或不幸的人,不求回报地实施救助的一种无私的支持与奉献的事业,其实质也是一种社会再分配的实现形式。

127. 慈善的功能有哪些?

慈善是一种重要的物质和精神资源,是道德和精神文明的载体,也是物质文明的载体。慈善不仅成为当今社会和谐发展的重要力量,也是国家文明程度的标志。慈善的功能主要体现在以下方面:

(1)生活保障功能。劳动者因为老、弱、病、残等原因陷入生活、生产困境,在任何社会制度下都是普遍存在的客观现象。在目前社会保障留有“空隙”或存在保障不足的情况下,慈善和慈善事业的发展可以为陷入困境的社会成员提供更为广泛的帮助渠道,在一定程度上满足他们的生产、生活需要。

(2)社会稳定功能。慈善有利于促进社会公平,维护国家和社会的稳定。我国社会正处在一个从传统社会向现代化社会的转型时期,这一过程产生或加剧了许多社会风险,如工业化风险、市场竞争风险、失业风险、工伤增加风险、老龄化带来的社会养老风险等。在建立和完善社会保障制度的同时,应倡导发展慈善事业,以规避和防范这些风险。

(3)社会财富的第三次分配功能。慈善被视为对社会财富的"第三次分配"。与前两次分配相比,以民间为主导的"第三次分配"具有以下特征:①具有自愿性和非政府性。"第三次分配"由民间个人或组织的自愿捐赠所构成。这是"第三次分配"与具有强制分配特征的政府再分配形式之间最明显的区别。②具有无偿性。所谓"无偿",是指仅由当事人一方给付,另一方不必向对方偿付相应的代价。③主体的多元性。参与"第三次分配"的主体既包括民间个人也包括民间组织和团体。④具有补充性。即"第一次分配"和"第二次分配"仍然是社会财富分配的主要方式,"第三次分配"只是基于前两次分配在促进社会发展方面留下的空白领域发挥补充作用。

(4)思想教化功能。慈善和慈善事业通过道德行为的示范作用,从内心深处激发人们对社会的关爱和责任,使人们更有爱心,从而提升社会的整体道德水平。在我国,慈善文化是社会主义先进文化的重要组成部分,以奉献爱心为宗旨的慈善事业是我国落实思想道德建设、提高公民素质的重要载体和基点。

知识链接

慈善事业具有以下意义:一是弘扬互助友爱精神、提升社会文明程度、促进社会团结;二是弥补政府不足与市场失灵,有效推进社会治理现代化;三是实现社会成员的社会参与,并广泛动员社会资源,满足有需要者的需求。在实践中,慈善事业既是我国特色社会治理体系的一部分,也是我国特色社会保障体系的一部分,还是调节收入分配与润滑社会关系的有效机制,从而是我国社会建设与社会发展的一支不可替代的重要力量。

128. 慈善救助的运作过程如何?

慈善救助的运作过程包括以下环节:

(1)组织社会捐助。即慈善组织通过开展慈善宣传教育工作,发起募捐活动,动员和调动具有一定助人能力的单位和个人向慈善组织进行捐献。

(2)资金管理。对捐献的款物进行管理是慈善组织工作的重点和关键。在资金管理方面,慈善组织的任务是保证每一笔慈善捐助资金的安全,使之真正用于捐献者指定的救助项目。慈善组织对慈善资金只享有管理权和看护权,不拥有对慈善捐助资金的所有权。

(3)实施救助。促进社会的和谐发展是现代慈善事业的最终目的。在实施救助方面,慈善组织必须充分发挥自身优势,明确界定救助对象,做好社会调查工作,在尊重捐助者意愿的前提下,保证将救助资金用在最适当的地方。

(4)接受监督。接受捐献者和社会各界的监督是确保慈善机构乃至整个慈善事业正常运行和健康发展的保证。在接受监督方面,慈善组织需要建立健全财务账册,严格财务管理制度,自觉接受捐献者、政府有关职能部门以及社会各界的检查和监督。

知识链接

慈善救助运作过程中最重要的一点即是对资金的管理使用。在发达国家,慈善组织为了赢得公众信任、募集更多善款,会主动公开账目并接受公众质询,很多慈善基金会都会聘任第三方审计机构来对其每年的财务状况进行审计。但在我国,不少慈善基金会却很难做到这点,即使在网络时代,想从基金会网站上获得这些本应公开的财务数据也非常不易。

慈善救助资金应做到公开透明,具体表现在以下两方面:一是各类慈善信息的全程公开,二是慈善资金使用的完全透明。对慈善资金进行全程托管,严格审核资金在使用过程中是否存在违规,才能确保慈善资金使用符合其募集时的定位和承诺。慈善资金如何实现阳光透明运作,已成为未来整个慈善行业健康、良性发展的重中之重,承载着社会公众的强烈期待。

129. 社会救助管理的内容有哪些?

社会救助是一项非常庞大的系统工程,涉及对象和管理的性质特殊,需要方方面面、各个部门的共同努力,需要一个科学运作、富有效率的管理体系。社会救助的管理内容主要有以下几点:

(1)建立高效的社会救助管理体制。

(2)以社会救助法律、法规为依据,制定可操作的具体的社会救助政策,特别是社会救助立法。

(3)依法筹集、使用、管理社会救助资金。

(4)运用信息化技术手段实现社会救助制度运行和管理。

(5)社会救助对象资格的确定,救助标准的确定、调整、动态管理,申请救助的程序及其社会救助的经办服务等。

(6)建立社会救助管理的监督机制。

知识链接

社会救助管理是指国家和社会以法律、政策为依据,通过一定的程序，采用一定的方式或手段对社会救助活动进行规范、组织、协调、监督的过程，体现在社会救助的制度建设、管理体制和机制设计以及社会救助信息化、法制化建设等多个方面。

130. 社会救助管理的手段有哪些？

社会救助作为国家社会政策的重要内容，管理任务艰巨复杂。因此，必须综合运用各种手段来进行管理。其主要手段如下：

（1）行政手段：通过国家主管社会救助工作的职能部门，如民政部以及财政、审计等部门的日常管理，来确保国家社会救助法规、政策的贯彻实施。它以社会救助法律法规为依据，亦可在法律的规范下制定具体的社会救助政策，作为具体操作的依据。

（2）经济手段：运用经济杠杆，如财政补贴、税收减免、扶贫开发、社会化筹资等来达到调节的目的。

（3）法律手段：国家通过制定、颁布有关社会救助的法律、法规来达到管理的目标。这一手段具有规范性、强制性、稳定性等特点，它是国家意志的体现。

（4）社会监督：社会救助对象、救助标准等的确定，要在公开、公平、公正的环境和在不侵犯救助对象隐私的前提下接受群众评议、群众监督，确定的救助对象可通过网络、手机短信、报纸、电视等多种渠道或方式在一定范围内公布等。

知识链接

社会救助管理体制是规定中央、地方、部门、企业在各自方面的管理范围、权限职责、利益及其相互关系的准则，它的核心是管理机构的设置。各管理机构职权的分配以及各机构间的相互协调，它的强弱直接影响到管理的效率和效能，在中央、地方、部门、企业整个管理中起着决定性作用。社会救助管理体制是由一系列对社会救助资源配置作出决策和执行的，具有互补关系的服务管理制度安排构成的有机体。社会救助管理体制包括管理机构、管理内容和管理方式等，其核心为社会救助管理机构。

目前，我国已经形成了政府领导、民政主管、部门尽责、社会参与、街道（乡镇）实施、政事分离的社会救助管理体制。

131. 社会救助资金的组成有哪些？

社会救助资金是指为满足救助对象的生活、生产（或促进就业），以及应对急难或其他特殊情况的需要所筹集起来的资金和物资的总称。社会救助资金原则上不包括各种途径筹集的用于社会救助的实物。需要注意的是，社会救助资金经常以购买救助实物的方式开支，也常常以实物的方式提供给救助对象；社会救助经费筹集过程中也经常存在着大量的实物（物资），特别是社会捐赠或海外捐赠，在计算方式上，也常常将物资折合成货币计入社会救助经费里。

社会救助资金的组成主要包括以下方面：

（1）财政拨款。财政拨款是社会救助资金来源的主要渠道，它包括中央财政拨款和地方各级财政拨款两种。目前，地方财政拨款分定期定量救济和临时性、应急性救济两类，此外，还包括财政扶贫资金。财政扶贫资金属于专项转移支付，是中央财政专项拨款的一个重要组成部分。判断这一拨款的性质要结合财政扶贫资金的出资主体、出资方式以及出资目的等因素来进行。财政扶贫资金是由国家财政部门无偿拨付的，用于扶贫的专项转移支付资金，其目的是使特定的人口摆脱贫困，以获得基本的生产条件与发展权利，具有公共性特征。

（2）社会筹集。改革开放以来，通过社会各方筹集社会救助资金的形式得到了很大发展，这项资金在社会救助资金中所占比重不断提高。社会筹集的形式主要有：①募捐，即社会团体或个人无偿捐赠的款物，有的是直接向受灾地区或贫困地区捐赠物资或现金，有的是捐赠给各种救灾扶贫经济实体、救灾扶贫互助储金会、敬老院、福利院等。②乡镇统筹，主要指农村由乡镇统一筹集粮款，供养“五保”户。③扶贫经济实体和社会福利企业享受的免税优惠待遇和利润分成。④救灾扶贫互助储金会的储金。

（3）信贷扶贫。通过金融部门筹集融通资金，发放低息或贴息优惠贷款，支持贫困地区经济开发，扶持贫困户发展生产。自20世纪80年代以来，信贷资金在社会救助资金来源中的比重有逐步扩大的趋势。扶贫贷款项目主要从当地扶贫开发项目库中由农业银行自行选择，项目库由当地扶贫开发领导小组成员单位根据当地实际情况推荐，经当地扶贫开发领导小组确定纳入扶贫开发项目库。项目选定后，由农行根据“放得出、收得回、有效益”的原则，自主经营决策。

总体来说，社会救助资金实行多渠道、多途径筹集。各地政府应充分意识到社会的力量，并鼓励社会团体和公益性组织参与到社会救助中来，更应该为其提供良好的法律环境、政策环境和社会环境。这样可以有效地扩展社会救助资金的来源渠道，较好地解决资金筹集问题。

知识链接

需要注意的是，在我国，财政扶贫资金的使用范围包括支援经济不发达地区发展资金、新增财政扶贫资金、农业建设专项补助资金、以工代赈资金和财政扶贫专项贷款等。国家各项扶贫资金必须全部用于国家重点扶持的贫困县，分配的基本依据是：省、自治区、直辖市本年度贫困人口数量和贫困程度、扶贫资金使用效益和地方配套资金落实比例。

132. 社会救助资金的使用原则有哪些？

社会救助资金和物资受法律保护，任何单位或个人无权挪用、侵吞和挥霍。在社会救助资金使用中，应严格按照政策规定的救助范围、标准发放。社会救助资金的使用应遵循以下原则：

(1)专款专用和重点使用的原则。救助款的“专款专用”是指救助款的各项子类款项必须“专款专用”，即救灾款只能用于救灾，“五保”粮款必须用于对“五保”户的救助，扶贫资金一定要用于扶贫等。各种社会救助款物，不能搞平均发配，要分清轻、重、缓、急，把有限的救助款物，用在最急需者身上。

(2)无偿使用和有偿使用相结合。把救助款物无偿地发给被救助者，是社会救助最主要的使用方式。但是，这种被动的“输血型”救助方式在一定程度上不利于调动救助对象自力更生、生产自救的积极性。有偿使用方式是把社会救助款中的一部分以低息或无息方式借贷给救助对象，扶持发展生产，限期使用，到期收回，周转使用。社会救助资金中的救灾扶贫周转金、信贷扶贫款、互助储金会储金等的使用，都是采取有偿使用方式的，被誉为“造血型”救助方式。

(3)分散使用与集中使用相结合。社会救助资金直接发放至救助者手中单独使用，用于救助对象吃、穿、住、医等基本生活需求的被称为分散使用方式，社会救助资金一般都采用这种方式。将社会各方面筹集起来的社会救助款捆绑在一起，集中用在扶贫地区或贫困户发展生产上被称为集中使用方式。

知识链接

关于社会救助资金的使用，应切实做到严格按规定使用，不得擅自扩大支出范围，不得以任何形式挤占、挪用、截留，不得向救助对象收取任何费用，力求做到救助信息公开透明、救助标准动态调整、救助资金使用安全规范。鼓励有条件的地方通过政府购买服务的方式引入第三方专业机构参与救助资金监管工作，将社会监督和政府监督有机结合，增强救助资金监管的客观性和公正性。

133. 社会救助资金的支付形式有哪些？

按社会救助资金实际发放形式可分为现金救助、实物救助以及以工代赈等。其主要内容如下：

(1)现金救助。它是指国家或社会救济机构以发放现金的形式，帮助社会成员摆脱生活困难的一种救助手段。现金救助源于古代的赈银救荒，在当代社会则成为社会救助的主要形式，其特征是直接给被救助者发放现金，由被救助者根据自己的实际困难安排使用。在实际工作中，采用现金救助手段的主要是针对定期救助对象和部分临时救助对象。

(2)实物救助。它是指国家或社会救助机构以发放实物的形式,帮助社会成员解除生存困境的一种救助手段。实物救助的特征是不直接给被救助者发放现金,而是根据其实际情况和需要,用社会救助经费购买一般生存资料和部分生产资料,无偿发放给被救助者。救助物资包括粮食、房屋、衣被、食品、餐具、建房材料、医药以及中小农具等。实物救助的对象主要包括紧急抢救、转移安置的灾民、灾区老弱病残者和无法安排生活的重灾户,以及非灾区的严重或特殊贫困户。实物救助的原则是专物专用,不可滥发,更不能积压、贪污和挪作他用。

(3)以工代赈。它兼有现金救济和实物救济双重支付形式。它是中国历代赈灾济贫的传统措施,为春秋时期齐国的晏子首创,此后相沿成袭,迄今仍被广泛采用。以工代赈的基本内容如下:由政府组织灾民或贫民兴修水利、堤坝、道路等工程,以结算工钱的形式帮助灾民和贫民渡过生活难关。以工代赈的方式既有赈款(以现金支付工钱),也有赈谷(以粮食、食品支付工钱)等,是一条积极的社会救助措施。按国家有关规定,工赈款由工程主办单位给付,因而一般未计入社会救助费用中。

知识链接

对于社会救助资金要加强全流程监管,主要措施如下:

(1)强化资金保障责任。社会救助属于中央与地方共同财政事权范围,市、县级人民政府承担主体责任,各级财政要统筹做好资金保障。各地要依据责任划分,认真履行资金保障主体责任。

(2)严格资金分配下达。省级财政部门会同民政部门要根据救助人数、财力困难程度和努力程度、工作绩效等因素严格按因素分配省以上社会救助资金,及时下达各市、县(区)统筹使用。

(3)加强资金发放监管。社会救助资金原则上实行社会化发放,按照“民政部门核定对象金额,财政部门核拨资金,金融机构代理发放”的原则，明确各相关部门和机构职责，落实工作责任，层层做好审核把关。涉农社会救助资金，一律通过惠民惠农财政补贴资金“一卡通”发放。财政部门和代理金融机构要加强审核把关，对发放名单与发放金额、发放人数与发放总额等对应不上、有明显异常的，要及时预警，并会同民政部门及时核对处理。

(4)规范资金支付使用。各级民政、财政部门要严格按照社会救助资金管理相关规定，进一步明确社会救助资金用途，规范使用范围，提高资金使用效率。各地要合理安排社会救助工作经费，确保各项社会救助工作正常运转。

134. 社会救助资金管理的内容有哪些？

社会救助经费管理是指国家和社会以法律、政策为依据，通过一定的程序、采用一定的方式或手段对社会救助资金进行规范，组织、协调、监督的活动过程。社会救助资金管理可分为以下方面：①筹集资金的管理。包括两方面的内容，一部分是国家的财政拨款，需要按定期定量救济和临时性应急救助实行预算管理；另一部分是社会集资和募捐，包括企业或个人捐资、捐物和社会有奖募捐，要求加强对集资或募捐方式、资金来向进行有效管理。②资金使用管理。社会救助资金和物资受法律保护，任何单位和个人均无权挪用、侵吞、挥霍，故在社会救助资金使用中，应严格按照政策规定的救助范围、标准发放，发放过程中一般要经过一系列法定程序，杜绝弄虚作假、优亲厚友等违法违规行为。

由于社会救助经费的来源渠道不同，在管理中亦有所区别，其中国家拨款部分由民政部负责管理,并通过其基层机构及乡、村、街道、居委会具体办理社会救济的审核和发放;社会募捐部分则可以由社区或基金组织自行支配和使用,但应接受民政部门的监督,以保证救济金发放的公平合理。

社会救助基金的管理机构一般是由地方政府成立的社会救助管理工作领导小组,以领导社会救助管理工作,负责协调、解决社会救助资金管理及使用中的相关问题。社会救助管理工作领导小组设在民政部门,负责领导小组的日常工作及对社会救助资金筹集、管理、使用等情况进行监督。各地方民政部门相应设立社会救助管理工作办公室,负责受理本辖区内特殊困难群体的社会救助申请,负责社会救助资金的管理、使用等工作。

社会救助资金实行分级筹集、分级管理、分级使用。本着量入为出的原则安排,不得超出本级实收额度。各级财政、民政部门及特困群体所在街道办事处必须设立社会救助资金专户,按财务制度单独核算,保证专款专用。财政部门设立的社会救助资金专户,用于办理社会救助资金的收缴、核拨业务;民政部门及特困群体所在街道办事处设立的社会救助资金专户,用于社会救助资金的发放。

知识链接

社会救助资金的使用发放工作坚持公开、平等、民主的原则,实施规范化、公开化、动态化管理。每年定期向社会公布筹集和使用情况,接受社会舆论监督。民政、财政、审计、监察等部门应加强对各地社会救助资金的筹集、管理、使用等情况的监督,每年对各地进行定期检查,并采取不定期的方式进行抽查。对擅自改变社会救助资金使用范围、用途、对象的,虚报材料套取社会救助资金的,依法追究有关领导和当事人的责任。造成损失的,依法承担赔偿责任;构成犯罪的,依法追究刑事责任。

135. 社会救助管理信息系统的组成有哪些？

社会救助管理信息系统是指以计算机、因特网为主体的信息技术在社会救助领域中的应用。社会救助信息系统是整个社会救助体系的技术支撑。它涉及社会救助体系的各个层面，贯穿于社会救助工作的各个环节。

从系统功能上来说，社会救助管理信息系统主要由以下方面构成：

(1)社会救助管理数据和信息的收集整理。社会救助信息收集包括原始信息和再生信息收集两种。原始信息是相对简单，接近信息源的信息；再生信息是经过某种模式从原始数据中提取的信息。社会救助管理的再生信息主要是在不同的信息系统之间进行的，包括横向的各个部门和纵向的各级机构之间的关联数据、分系统合成数据、通过各类计量模型和统计模型计算的数据等。

(2)社会救助管理信息的存储。它涉及信息存储时，要考虑存储量、信息格式、存储方式、使用方式、存储时间、安全保密、使用授权等方面的要求，使组织信息不丢失、不失真、不外泄，且方便使用。不同的信息系统，存储要求有所差别。日常业务信息系统，格式相对简单，时间短，但数据量大；管理信息与决策支持系统格式复杂，存储时间长，存储难度大；对于专家系统，不仅要存储大量的计量模型，而且还要大量背景和历史信息，对存储方式、时间、内存都有特殊和复杂的要求。

(3)社会救助管理信息的加工。信息加工是一类特殊的信息合成模式。它一般是通过模型化方式提出信息需求，得出有用的管理信息，这在专家系统中较常用。社会救助管理信息的加工步骤如下：①管理项目及指标设置。对于复杂的管理模型来说，一些指标需要经过特殊设计才能反映出人力资源的特征。②管理信息提取模式构造。目前的模式主要有以下几类:a. 计量模型,如线性和非线性计量模型。b. 统计模型,如一般线性模型、广义线性模型等。c. 管理模型,如成本管理、资源储备模型、线性规划模型、排队模型与对策模型等。d. 特殊模型,如遗传算法、网络图等。这些模型是为了提取更复杂也更具参考意义的决策信息。③模型运行与报告,把模型运行取得的数据和分析结果、误差、背景、图表和文字解释一并输出,供决策者参考。

(4)社会救助管理信息的传递和提供。信息系统的最终目的是为用户提供基础数据、管理信息和决策支持信息。信息系统可以因管理者对信息内容、质量等要求选择不同的传递方式和提供方式。

知识链接

社会救助信息化的主要内容就是将信息技术与社会救助业务相结合,构建社会救助管理信息系统。通过对社会救助及相关数据的采集、加工、处理,形成多种有用的信息,提供给各级劳动保障部门的决策者、管理员和社会公众,以满足不同层次、不同人群的信息需求,达到信息共享,实现信息资源的有效利用。

136. 社会救助管理监督机制的内容有哪些?

完善的监督机制是确保管理制度有效实施的重要基础。加强对社会救助的监督,既是社会救助制度建设的要求,也是完善社会救助运行机制的需要,更是维护社会成员合法权益的基本要求。社会救助管理监督主要包括以下三个方面:

（1）社会救助行政部门的监督。社会救助行政部门的监督是指政府有关行政部门根据其管理职能，代表国家对社会救助制度的运行进行监督。它以日常监督方式为主，并按照本部门的监督和非主管部门的监督，一般寓于社会救助的管理过程中。

（2）专职部门的监督。专职部门的监督主要是财政监督和审计监督。社会救助资金的收支状况直接影响到国家财政状况的好坏，因此加强财政监督具有十分重要的意义。财政监督的主体是各级政府财政机关，监督的内容包括预算监督、缴费监督和财务监督。审计监督是由专门从事审计业务的部门对社会救助资金的收支、使用和投资运营的效益以及是否违反财经纪律进行的经济监督。从事审计监督的主体主要是国家审计机关，各级社会救助业务经办机构也应当建立相应的内部审计机构，社会审计组织也可以在国家审计机关的授权下从事社会救助的审计工作。

（3）社会监督。社会监督是指社会救助的直接利害关系者或者其他群众组织，借助舆论的作用及其影响，对社会救助管理进行的监督。尽管它没有行政监督的权威性和审计监督的超脱性与专业性，但它的社会性对社会救助管理部门的管理行为产生很大的约束，大致分为工会监督、妇联组织监督、企业团体监督和社会舆论监督等。

知识链接

社会救助管理监督除了上述监督外，还应建立健全工作机制，具体而言就是要做到以下几点：

（1）加强专项监督检查。市县民政、财政部门要会同审计等部门进一步健全社会救助资金监督检查机制，定期开展对资金管理使用情况的专项检查、督查、审计等，重点检查社会救助资金保障、拨付、发放、使用等方面的工作情况，将农村低保等社会救助资金监管作为专项治理重点。

(2)创新资金监管方式。县级民政、财政部门要坚持问题导向,不断完善社会救助资金监管政策,创新社会救助资金监管方式,利用信息化手段提升监管效能。加强与相关部门沟通协调,建立信息共享机制,加快建立涵盖在线办理业务、运转流程查询等内容的信息平台。通过线上监测与线下监管相结合的方式,及时发现问题、堵塞资金监管漏洞,加强风险防控。

(3)拓宽资金监管渠道。市县两级民政、财政部门要自觉接受纪检监察、审计等部门的监督,在加强内部监督的基础上,充分发挥社会力量的监督作用,推动社会监督与政府监督有机结合。鼓励各地通过政府购买服务,积极引入第三方专业机构参与社会救助资金监管工作,运用第三方专业机构对社会救助资金分配、管理、使用等情况进行评估,增强社会监督的客观性和公正性。

(4)规范信息公开公示。市县两级民政、财政部门要进一步完善社会救助信息公开公示制度,按规定向社会公布社会救助资金预算、分配、支出等情况,不断提高工作透明度。要加强社会救助审核审批公示,强化村(居)低保、社会救助末端长期公示制度,规范公示内容、公示地点、公示时限,及时全面公示救助对象、救助金额等信息,建立健全群众反映问题、投诉举报的处理反馈机制,保障人民群众的知情权、参与权和监督权,引导救助对象成为社会监督的重要力量。

参考文献

[1]钟仁耀. 社会救助与社会福利[M]. 上海:上海财经大学出版社,2018.

[2]黄静. 社会救助实务[M]. 成都:西南交通大学出版社,2018.

[3]赵映诚,王春霞,杨平. 社会福利与社会救助[M]. 沈阳:东北财经大学出版社,2015.

[4]胡芳肖,杨潇,王育宝,刘华平. 社会救助理论与实务[M]. 西安:西安交通大学出版社,2015.

[5]马震越,肖丹. 社会救助社会工作服务指南[M]. 北京:中国社会出版社,2017.

[6]张浩淼. 发展型社会救助研究 国际经验与中国道路[M]. 北京:商务印书馆,2017.

[7]肖金明. 老年人社会救助制度研究[M]. 济南:山东大学出版社,2015.

[8]徐延辉. 教育救助与社会流动[M]. 厦门:厦门大学出版社,2012.

[9]徐祖荣. 社会转型期城市医疗救助理论和经验[M]. 北京:中国经济出版社,2010.

[10]张长伟. 从社会救助到社会保护[M]. 郑州:河南人民出版社, 2016.

[11]人民出版社法律与国际编辑部. 社会救助暂行办法[M]. 北京:人民出版社,2014.

[12]洪大用. 完善社会救助,促进社会和谐[J]. 教学与研究,2014(12).

[13]韩克庆,李方舟. 社会救助对家庭赡养伦理的挑战[J]. 山西大学学报(哲学社会科学版),2020(5).